田间撒欢的孩童

——新农村建设背景下幼儿"百草园"课程的建构与实施

张 萍 主编

文汇出版社

百草园，师生诗意栖居的家园
（代序）

　　鲁迅先生在《从百草园到三味书屋》一文中，揭示了童年生活环境对其一生的重要影响。那小小却充满野趣的百草园，在童年鲁迅幼小的心灵中，打开了一扇了解自然、亲近自然的窗户，给他儿时生活增添了许多乐趣。如今，绍兴的"百草园"成为游客必到的一个景点。人们纷至沓来，在缅怀一代伟大的思想家、文学家的同时，人们也往往会由此思考童年环境对人一生发展的重要意义。

　　此刻，我手中捧着一叠沉甸甸的书稿，翻阅书稿时，我的心也是沉甸甸的。记得前几年，宣桥幼儿园也曾请我审阅过一本内部印制的书稿——《春华秋实百草园》，并要我写几句话。我认真通读全稿后，为教师们的勤奋耕耘而十分感动，写了一篇题为《为快乐的"百草园"课程点赞》的文章，放在书的卷首，作为代序。现在，读到这本即将公开出版的新书稿，我深刻感受到，这所幼儿园在各方面又有了许多新的突破，体现在书稿的形式和内容上，都有许多新的亮点。由此可见，在"百草园"创建这一重点项目带动下，幼儿园各板块建设都取得了令人瞩目和惊喜的发展。特别是由于办学绩效显著，在各级领导的支持下，幼儿园于2020年增设了枫亭部，在扩大了办园规模，拓宽了优质教育资源的受益面，形成一园三部的管理格局之后，对她们提出了更加严峻的机遇和挑战。如何实施一园三部同步均衡发展，如何保持三个园所课程开发和实施以及课程资源的协调统一，如何在更多幼儿家庭开展科学的家教指导，等等一系列命题，都是亟待解决、不容忽视的现实问题。值得高兴的是，我在通读这本新书稿时，在这里找到了最好的答案。

　　首先，我认为宣桥幼儿园的实践和研究，是具有极其重要的现实意义和历史价值的。我们正处在快速城市化发展的历史进程中，随着大规模经济建设的推进，原先自然状态的生态发生了显著的变化，田野逐渐缩小，钢筋水泥建筑林立，沥青道路纵横交错，人们的生活方式也随之发生着巨大的变化。于是，一个严峻的、不可回避的问题也摆在了人们的面前：如何保留乡土气息，留住乡愁文化，在一代又一代儿童的心灵植入"返璞归真，回归自然"的种籽，使他们永远记住祖辈的初心，习得传统乡俗，热爱故土家园，时刻准备着做家乡新一代的建设者和接班人。宣桥幼儿园的研究，就是对这一命题的解答。

宣桥幼儿园创建于20世纪80年代末的原南汇农村。当时，园舍周边不仅乡村风光秀美，而且田野百草丛生，土地物产丰富。老师和幼儿几乎都生活在周边农村，天天耳濡目染，一片片绿色田园中处处点缀着五色斑斓的各种花卉和甜美芬芳的奇珍异果。占据得天独厚的乡村自然资源优势，她们很早就开始探究如何让孩子亲近自然，并且探究和实施利用农村资源开展教育活动的园本课程建设。特别是2007年幼儿园增设了宣黄部后，由于办学规模扩大，园舍绿化面积增加，促进幼儿园加快了乡土资源园本课程建设的力度，取得了一系列实践成果。近几年来，宣桥幼儿园由园长张萍领衔，带领全体教师根据新一轮课改的新要求，整合教育资源，梳理十三年来实践研究的成果，扎扎实实推动课题研究和课程建设，开发并实施了一系列"百草园"课程，提升了幼儿亲近自然的情感，培育了幼儿崇尚绿色、关注环保的意识，习得一些农作物培育的知识、常识和经验；培育了一支善于开发实施"百草园"课程的教师团队；提升了亲子"百草园"活动的质量。目前"百草园"课程已经成为宣桥幼儿园的课程特色和办园特色，不仅在一园三部都建有百草园，而且许许多多幼儿家庭的阳台上、房前屋后，大大小小家庭"百草园"不计其数，极大地拓展了幼儿五育并举的教育平台，丰富了幼儿亲子活动的形式和内容。我想，这一定会对孩子们产生终身的重要影响，为他们一生热爱乡土，一生尊重劳动者，一生热爱劳动，一生崇尚绿色，一生关注环保，一生积极向上、坚毅顽强、善于合作等，奠定坚实的基础。

今天，凝聚着宣桥幼儿园教师智慧与心血的《田间撒欢的孩童》一书即将杀青付梓，公开出版。我深知，一线教师的实践研究是非常不易的，她们不是职业研究人员，却要在繁忙的工作之余，沉下心来，踏踏实实审视自己的实践,从中找出具有规律性的东西,加以记录、整理、分析、总结,形成案例、课例、经验文章和论文,这些来自教育教学第一手的成果,具有很强的真实性、可操作性和实践价值。因此,在这本新书出版之际,我谨向宣桥幼儿园全体教师、全体幼儿和家长表示诚挚的祝贺!向所有关心、关注、支持、帮助宣桥幼儿园发展的各级领导和社会人士,表示真诚的谢意!

我认为,这样一本书,至少给我们以下四点启示:

第一,以课题研究为抓手,促进课程建设,是这部书稿给我的第一个启示。一所幼儿园选准一个能够带动各项工作整体发展的核心课题,极为关键。那么,如何来选择核心课题呢?宣桥幼儿园的实践告诉我们,选题的关键是,要对本园自身的主客观条件以及发展优势与不足,有一个准确的认识。例如,她们开展"百草园"课程建设,依托的主要优势,一是本园周边自然环境充裕;二是不少教师热爱乡土,喜欢栽培植物,深谙农时乡俗;三是幼儿家长中擅长农作物栽培的不少,这些都是她们开发和实施"百草园"课程的重要基础。正是有了这样的主客观优势,为宣桥幼儿园课程建设的成功铺平了道路。

第二,幼儿园的研究课题要具备儿童立场,要切实关注幼儿的社会化发展,要符合社会发展对于未来建设者和接班人综合素质的实际需求。从这样的角度来看,宣桥幼儿园开发和实施"百草园"课程,不仅让幼儿在快乐的活动中自主习得简单的种植技能,而且培育了幼儿热爱劳动和尊重农民的情感,培育了他们热爱绿色、保护地球环境的意识,这既合乎国家有关"五育并举""全面发展"的学前教育课程要求,也合乎幼儿自身社会化发展的现实需求,并且有利于浦东学前教育一园一特色的建设需要。

第三,幼儿园开展课题研究活动,要既有利于幼儿身心健康和谐发展,又有利于培育幼儿相互间的合作、交流、分享等亲社会意识。幼儿园所有的特色课程,都必须要能够激发幼儿参与的兴趣,激活幼儿的创造活力,激励幼儿的自主探究行动,合乎幼儿认知和心理发展的实际需要。宣桥幼儿园开展的"百草园"课程建设和实施,都能够因地制宜,从环境建设到课程实施,都与幼儿的游戏、生活、模仿息息相关,使幼儿在愉快的游戏中,自然获得快乐的感受,体验到心灵的愉悦,并进而获得合作、交流和分享的快乐,例如种植、除草、采摘果子、远足郊游等活动,都是幼儿非常乐于参加的活动,这些活动对于激活他们的自主探究意识,激励他们的自主探究行动,使他们在劳动中获得快感，并且分享经验和快乐，都能够起到极为重要的正向作用。这就是上海市中长期教育规划纲要提出的，对幼儿实施的"愉快的启蒙教育"。

第四，一所幼儿园的重点项目，必须要有利于助推幼儿园的整体发展。我们从这本书中可以看到，宣桥幼儿园的"百草园"课程建设和实施，不仅有力地促进了幼儿的身心健康和谐发展，而且通过课程开发和实施，促进了教师课程领导力和执行力的提升，助推了教师专业发展，同时，在幼儿园家教指导工作中，由于"百草园"亲子活动的普遍开展，极大地拓展了幼儿园课程实施的平台，帮助家长端正家教观念，提升了幼儿园整体家教指导的水平。

我常常想，一所理想的幼儿园，应该办成师生诗意栖居的家园；办成一方人文精神和科学意识完美融合的天地；办成一块人与人和谐相处、相互激励、共同进步的精神乐土；搭建家园合作，多元支持幼儿发展的宽广平台。

就这个意义而言，我想，尽管今天宣桥幼儿园所做的研究及其成果，可能还存在这样那样的缺点、困惑或不足，但是她们的探究是值得肯定的，是具有积极意义的，是很有前途的。

"小荷才露尖尖角，早有蜻蜓立上头。"

我祝愿和深信宣桥幼儿园会在这条正道上走得更好，走得更远，走得更稳！

上海甲辰传统文化教育服务中心理事长：陈家昌

目　　录

下篇　实践篇

上篇

理论篇

上篇

第一章 「百草园」课程的价值引领

陶行知先生说:"先生不应该专教书,他的责任是教人做人;学生不应该专读书,他的责任是学习人生之道。"在核心素养时代,上海市浦东新区宣桥幼儿园坚持最大化地提供给孩子真实的快乐体验,有效挖掘和利用社区自然环境、活动设施、教育基地等资源,引导幼儿在与环境的积极相互作用中得以发展。通过真实而有意义的课程,使幼儿获得完整体验,做到价值性和指导性相统一,提升核心素养,实现价值引领。

第一节 "百草园"课程的研究缘起

"百草园"课程的研究起因是由于幼儿成长与自然的割裂,缺乏有效的生活经验。我们希望借助大自然丰富多样的环境和材料,能够让孩子们看到活生生的大千世界,而不是死板的教科书。

一、幼儿"百草园"课程的研究背景

我园地处浦东城乡接合部乡村区域。在快速城市化进程中,自然状态、社会结构遭受严重破坏,田野逐渐缩小,钢筋水泥建筑林立,黑色道路纵横交错,人们的生活方式也随之发生着巨大的变化。随着多元化的冲击,如今农村孩子很少到田野去。孩子们待在家看电视、玩游戏,缺失亲近自然的机会,对周围事物认知模糊,对周边环境、家园变化等与生活息息相关的人、事、物态度漠然。

基于此认识,我们总结出以下三点主要问题:

(一)幼儿缺失亲近自然的机会

第一,家长普遍反映,现在的孩子接触自然的机会太少、认知贫乏。在一场家长会上,家长们讨论如下:

家长1:我的孩子生活在农村,可接触自然的机会实在太少了,好多东西只知道果实,究竟植株长什么样是不了解的。

家长2:我记得我儿子第一次去爷爷田里看到玉米,回来兴奋地告诉我,玉米不是长在土里的,是长在玉米树上的……

家长3:我们回老家看到竹子,孩子说,妈妈,快看好多甘蔗!我真是哭笑不得。

第二,较多年轻父母忙于工作,无暇顾及幼儿的成长,以及隔代抚养、代替包办的情况较多。《育儿周刊》杂志曾做过调查:在200多个家庭里,家长带孩子活动排名前三的依次是：儿童游乐场、家庭、社区楼下。幼儿园情况调查中，也证实绝大多数孩子对自然常识认知偏差大，生活中常见的韭、蒜、葱不分，稻子和麦子认识模糊；对家乡的概念淡漠，对自然万物缺乏基本认知和尊重。

（二）大自然与幼儿成长割裂

美国作家理查德·洛夫的著作《林间最后的小孩》中提出了"自然缺失症"的概念。指出现代城市儿童与大自然割裂相处，出现一系列成长问题。比如，孩子们对树木的了解，也许只是家里的木桌子，小区和公园绿化带里漂亮的景观树；对鱼的了解，是餐桌上的晚餐，是在鱼缸里兜圈子的小金鱼……

我们发现孩子们的所见、所感是不完整的、片面的。当他接触到的植物只用来美化环境的，动物只是食物或者宠物，一切都是为了满足人类需求时，又如何要求他们去理解生命的神奇和伟大，去尊重自己和别的生命呢？

回看现在的教育，大部分幼儿处在被保护的环境中，异常丰富的书面材料，都无法满足真正意义上的自然成长；缺少相关体验的活动，幼儿不能充分感受，身心无法得到充分锻炼。

（三）课程资源局限与优质自然资源未充分运用

近年来，东西方各种教育理念和课程模式不断涌入国内，出现了一些盲目的"西方崇拜"和"原样照搬"等现象，使得生活在农村的孩子们，对农村中的事物非常陌生，还有许多农村幼儿园"舍近求远"，盲目照搬许多城市化的课程内容，与幼儿的学习、生活经验是割裂且表象化的，而本土丰富的社区资源却被忽视、被浪费。

二、幼儿"百草园"课程的研究目的

（一）满足园所优质发展的需要

每所优质幼儿园都有其自身特点和气质，其园所文化、课程特色、师资力量等缺一不可。

我园拥有三十多年办园历程，踏实追求、勇于实践的态度，为至今不懈追求中的我们留下了宝贵的精神财富。沿着前辈的足迹，幼儿"百草园"课程建构与实施，以促进幼儿发展为先，以幼儿园教师为主体，以人为本，以园为本,充分尊重和满足幼儿、教师、幼儿园和家长的发展需求,持续累积课程建设内涵;成为幼儿园创新发展新坐标,也是检测园长课程领导力和教师课程执行力的重要抓手,是幼儿园发展质量与教育成效的综合体现,是幼儿园持续生动发展的主引擎。

从教师成长角度,幼儿"百草园"课程活动使得教师角色上转变为课程建设者。我们教师在挖掘、整合、利用课程资源,构建园本课程的过程中,研究和实践变得更为主动;在课程建设中,教师由于接近教学实践,随时能为课程注入新鲜思考和合理因素。因此开展《利用社区自然资源构建幼儿"百草园"课程的实践研究》课题,教师的课程资源观、对自然教育功能的认识和对幼儿发展的理解不断全面,成为培养反思型、创新型师资队伍的一条有效途径;教师实践即研究的意识随之增强,教育价值判断能力、研究分析等专业能力得以不断更新和发展。

从家园共育角度,幼儿"百草园"课程活动使得家园互动更为密切。借用我们家长的一句话:和孩子们一起补上一堂自然课!家长在幼儿园活动中参与度热情极为高涨;家长边参与,边观察幼儿生活、游戏和学习活动,获得许多关于孩子成长的感性经验,和我们教师一起理解"一日生活皆课程"教育思想。我们借助幼儿"百草园"系列活动,努力让家长完成从理解到接纳再到积极参与的完美转变;和孩子们共同成长的幼儿"百草园"课程,成功让家长从教育旁观者转变为高质量的陪伴者。

(二)满足课程服务幼儿发展的需要

今天我们设计课程,着眼点在于幼儿发展。幼儿在课程中快乐吗?在课程中得到了启发和收获吗?带着这些思考,回顾我们的课程,才能知道我们的起点在哪里,我们应该走向哪里,我们要怎样走才是对幼儿发展有效的。

我们建构幼儿"百草园"课程,开展课堂的扩展和延伸活动,是幼儿喜爱的、乐此不疲的,也是弥补基础课程中动手探究等活动的不足,让课程实施更完善。

这是一个充满着挑战的旅程,更是一次在实践中跌打滚爬的积累。幼儿"百草园"课程的实践与研究,推进幼儿对自我、自然和社会之间内在联系的整体认识与体验,谋求自我、社会与自然之间和谐发展的有效策略,通过参观、远足、操作体验等实践活动,加深幼儿对自然事物的认知,满足幼儿个性全面的发展。这样的课程意义非凡。

我们试图通过"利用社区自然资源构建幼儿'百草园'课程的实践研究"课题研究,借助得天独厚的地理环境的优势,让幼儿与之互动。并以幼儿现实的需要为出发点,以幼儿园教师为主体,以人为本,以园为本,充分尊重和满足幼儿、教师、幼儿园的发展需要,构建具有园本特色的幼儿"百草园"课程,促进我园课程改革的不断深入,提升我园课程内涵的可持续发展。

第二节 "百草园"课程的研究内容

"百草园"课程坚持在幼儿的成长中融入自然教育,不仅是提高幼儿综合素质的关键,也是激发幼儿好奇心的途径。课程的内容设计充分运用到自然环境,通过把德智体美劳综合起来引导幼儿身心全面发展,不仅符合幼儿的成长规律,还充分满足了幼儿身心和谐发展的巨大需求。

一、幼儿"百草园"的核心概念

(一)百草园

"百草园"一词来源于鲁迅先生《从百草园到三味书屋》一文,原意表达幼儿热爱大自然,追求自由快乐的生活的美好回忆。

我园地处郊区农村,周边拥有丰富的社区自然资源,比如四季风貌不同的田园、果园,孩子们最喜欢的动物园,数字化农业示范基地等,俨然是一座放大了的现代版的"百草园",一个带有自然生命生态气息的大家园。

(二)幼儿"百草园"课程

巧用鲁迅先生的"百草园"概念,我园借助得天独厚的社区自然资源、人文环境优势,从中汲取可用、有用、值得用的教育资源,通过远足、参观、体验、游戏、分享等形式,为幼儿提供走进社会、亲近自然、感受快乐的机会。

我们还组织一系列专属于幼儿的"百草园"体验活动,经过实践研究、梳理、精选,建构结构化活动方案、内容和管理评价观察要点,培养亲近自然、文明乐群、好奇探究、热爱家乡、个性飞扬的百草园精灵,助力每位孩子放飞心灵、回归本真健康发展。

二、幼儿"百草园"的课程基点

幼儿"百草园"课程是一种绿色的、自然的、开放的体验型活动,它将幼儿置身于自然的场景、广阔的田野之中,充分释放幼儿天性,以跟踪观察、野趣运动、劳作体验、田园游戏等自主探究形式,支持幼儿获得直接经验、拓宽视野的同时,促进其道德情感、审美情趣、合作探究等能力得到回归和发展。

(一)幼儿"百草园"课程中的资源整合

第一,挖掘本地各类资源,整合利用对幼儿"百草园"课程和基础性课程实施有用的物力和人力,包括野生动物园、四季农作物、田园场景,农具教学具、现代农业高科技种养殖场等现成的物质资源。但我们的无形资源更丰厚,如幼儿生活周边邻家的园林(竹林、桃林)环境,种养经验丰富的家长资源和家庭力量,出身农村的专业师资队伍,自行车奥运冠军扬帆起航的文化资源,清美食品特色教育基地等。这些共同形成了我们"一园、两田、三基地、四园林、五节气"的资源库。

第二,打破地域时空,解放幼儿手耳眼口鼻。幼儿"百草园"课程活动不仅立足"田园小课堂",而且将幼儿的生活,通过和家庭、社区、自然环境的链接,在乡间田野、基地园林和社区文化场馆等自然、社区环境场所中,以四季更替为脉络,以制作、趣玩、野游、节气活动等内容,支持幼儿亲身实践、感官体验、亲子同乐,尊重幼儿自由天性,弥补幼儿自然缺失,鼓励幼儿大胆体验,真实感受到自然的美丽、民俗的美妙和家乡的美好。

(二)幼儿"百草园"课程中的课程生活化

课程生活化,源于满足幼儿的需要。对幼儿来说,所有的经验都来自于生活。

在幼儿"百草园"课程内容的选择上,我们认为满足并关注幼儿生活需要是基础。围绕幼儿身边人和事、热点话题等生成活动,课程来源于幼儿生活、为生活服务、为培养未来建设者奠基。

课程选择设计基于以下四方面:第一,从幼儿实际需求出发;第二,以幼儿生活经验为基点;第三,重视四季传统节庆的有序切入;第四,融合"美丽乡村"特色文化。

如小班主题"小蜗牛漫游记"是基于孩子的兴趣。有一天,老师带领孩子们在园中散着步，偶然间发现了一只小动物。它是谁？原来是一只小蜗牛呀！孩子们对这个朋友非常感兴趣，小脑袋里蹦出了好多小问号。蜗牛的家在哪里？蜗牛喜欢吃什么？蜗牛什么时候会出来散步？带着孩子们的种种疑问，老师就追随孩子的需要开展主题"小蜗牛漫游记"。

（三）幼儿"百草园"课程中的环境互动性

幼儿园环境是"百草园"幼儿生活探究的主阵地。

我园开辟种植园地，合理规划户外四季花草和果树，每班负责、师生家长共同参与，按季节特点种植蔬果、草药。幼儿在体验劳动过程中观察植物生长，记录植物生长的秘密，丰富认知经验。

同时，班级设有"小小百草园"自然角，定时更新饲养品种，如饲养小生物、无土栽培种子等。四季轮回，参观、种植、采摘、分享皆是课程。如春天饲养小蝌蚪、种子播种发芽等；让幼儿通过亲身经历观察、探索，了解蝌蚪变成青蛙的全过程：卵——蝌蚪——长出后腿——长出前腿——脱掉尾巴——青蛙；知道种子——播种——发芽——开花——结果的成长过程。此外，我们根据季节的变化，开启绿色畅想之旅，进行田园参观和现场教学实践活动。

在园外，我们开启亲自然活动。春天，万物生长、百花飘香，孩子们走进田野，采摘野菜；夏天，蝉鸣鸟叫、草木繁茂，孩子们走进基地，与西瓜、玉米亲密接触；秋天，红枫翘首、田野金黄，孩子们捡落叶、拾稻穗、摘橘子；冬天，孩子们走进农家，感受家家团圆的欢乐，聆听乡村变迁、奶奶的故事……

（四）幼儿"百草园"课程中的直接体验

幼儿通过视觉、听觉、嗅觉、味觉、触觉及肢体动作来认识这个世界，大自然缤纷的色彩、时令变化与富有生命力的物种，都是孩子们最心仪的学习来源。

"百草园"中的孩子们对学习是主动的、专注的，且充满生机和活力。活动前，孩子们与教师一起参与讨论、设计课程内容与形式。活动中，教师和家长以同伴的身份参与，观察了解幼儿活动动态，及时给孩子们提供空间、时间和材料的支持，保证孩子们有足够的条件进行直接体验和探索学习。如在组织玉米移栽劳作体验中，引发了许多关于玉米的问题：玉米是怎么变成小苗苗的？小苗苗长大了就会开花结玉米吗？玉米是结在哪里的？于是，"玉米成长记"探究之旅生成……

第三节 "百草园"课程的研制策略

"百草园"课程具有开放性、包容性、整体性的特点。一个专题涉及生活、科学（数活动）、艺术（音乐、美术）、语言、运动、游戏等多领域，是一个立体又平衡的结构。它以专题渗透各领域活动，有明确的目标指向和发展进程，教师在观察、分析和专业判断中，选择和整合相关资源，关注儿童当前需要，以活动为载体，以环境为依托，以游戏为手段，生成各类课程活动。

我们在具体的实践中，总结出以下课程构建的相关策略：

一、规划指引的统领

幼儿"百草园"课程，五育并举促进幼儿身心全面健康发展。

一方面，根据幼儿身心发展规律及能力、情感等方面的需要，从生活经验、生命发展层面对幼儿"百草园"课程进行整体架构。充分考虑领域的均衡，分别有"田园"生活体验、田园合作游戏、野趣运动、"田园小课堂"等集体、小组活动，注重活动之间的有效融合，及活动实施可行性研判等统筹规划。

另一方面，依托资源和环境优势，以幼儿对自然的兴趣为导向，为幼儿提供需要的、情景化的亲自然体验活动，激发好奇心与探究欲；注重与自然的亲和过程中，鼓励幼儿按照自己的内在指引，自由、自主地创新活动，进而主动建构经验，让学习静悄悄地发生。

二、建构形式的多样

幼儿"百草园"课程，是师生主动建构、合作生成的系列化自主活动；坚持从师生发展需要，坚守幼儿身心特点和认知规律，以观察讨论与平等对话入手，生成课程内容和活动方式。

幼儿可以按自己独特的方式探究学习，教师家长跟进孩子的探究行为，鼓励积极体验，有效引发活动持续深入开展。如散步中的孩子发现园内小竹林里春笋次第冒出了，孩子们兴趣盎然，引发一系列问题和讨论，大班关于

"竹林青青"的专题应运而生,此后参观大竹林,组织亲子挖笋、科探活动:和竹子比高矮、竹子运水、跳竹竿、竹子本领大等系列活动有效生成……

三、实施内容的丰富

幼儿本是自然人,顺应幼儿天性,最大限度满足孩子亲近自然、享受自然的快乐,在探索过程中达到本真发展,是一位好老师的职责。

丰富多彩的园本活动,如拥抱"百草园"地域资源,烙印着浓郁的乡土气息,但正是由于它的"土气"与"平凡",让师幼多了一份"返璞归真"的践行。"种植区""班班小小百草园"就像一本本孩子亲近自然、融入自然的"活教材",师生一起在走廊、墙角,创设了一个个生态小区域,幼儿自发种植,自主饲养、观察,通过亲自栽种、对比试验,获得粗浅科学培育小经验。如用蛋壳发芽、玻璃瓶发芽比较;向阳和背阳的对比等等,这些生活经验的获得,给枯燥单调的书面讲解接上了地气。

同时野外蔬果采摘、现代农业基地参观,园内的特色活动(农家美食节、土布时装节、变废为宝亲子科技小制作)、欢乐闹元宵(挂灯笼、猜灯谜、汤圆制作游戏)、送"福"活动、端午节包粽子、立春编蛋袋等民俗节气系列活动,在孩子们童年画卷中留下鲜活的一笔,一次次掀起了课程的高潮。

四、发展评价的多元

发展评价策略是指教师在实施幼儿"百草园"课程活动时,对幼儿的学习过程采取多元化评估。

评价注重每个孩子在原有基础上的发展,关注学习能力的提高、良好习惯的养成。本研究发现,家长的参与、老师、保育员、保安叔叔等多种对象参与评价,对孩子的发展尤为重要。

幼儿"百草园"课程管理,教师是主角。评价注意:

第一,完整回顾活动过程,及时整理并记录专题开展的轨迹;

第二,对幼儿已有情感态度、社会性经验和认知发展是否进行了有意义的建构,在环境呈现、家长幼儿参与、合作方面进行全面评判;

第三,记录反思活动前、中、后期存在的调整,提供对策和相关措施,为下轮主题实施提供合理化的建议和方向。

第二章 「百草园」课程的研究探索

我们以开展《利用社区自然资源构建幼儿"百草园"课程的实践研究》的课题为基础,探索"百草园"课程的开发与实践路径,并且因地制宜,从幼儿活动的需要出发丰富资源库,建立有利于幼儿充分发展的课程目标体系,从而让幼儿"乐行百草园"。

第一节　拓宽课程的探索路径

为更好地研制出适合我园幼儿发展的课程,我们从理论和实践两个方面出发,探索课程开发与实践的路径。

一、理论引领,在学习中进步

对理论的学习和对实践的总结是教师参与课程开发与实践的必要条件和基础。我们主要引领教师开展两方面的学习:一是进行网络搜索、书本学习等,引导教师把握对幼儿"百草园"园本特色课程的概念进行认识与理解;二是转变教师的课程观、教育观、儿童观,使开发与实践的园本课程更切合《幼儿园教育指导纲要》和《3～6岁儿童学习与发展指南》(以下简称《纲要》和《指南》)的精神,更能促进幼儿的发展。

(一)网络覆盖学习

在研究初期,我们要求教师对"百草园"和"园本特色课程"两个关键词进行网络搜索、相关书籍阅读、经验做法摘抄等,并且对搜集到的关于"百草园"和"园本特色课程"的国内外相关研究进行分享、交流与汇总。

由此,在多次进行研讨后,我们界定出核心概念与课程的研究思路。

(二)问题探究学习

每次教学研讨、课题组活动前,我们会给予教师一些思考题,引导教师根据问题自主学习,寻求理论支持并结合教学实践做好交流准备。组织"有图有真相"的研讨活动,让老师们带着问题自主学习,在宽松、自主的氛围中解决实际问题,也使每一次的研讨活动更具实效。

如我们确立课题名称后,课题组成员按课题方案要求分工寻找资料,合作撰写课题方案中的某一块内容,课题组长汇总、分析、修改完成课题方案初稿。再根据老师撰写中的问题再次进行问题探究学习,在一次一次问题——

解决——探究——修改的过程中完善课题申请方案。

（三）帮扶共建学习

我园作为一所农村一级幼儿园，在各方面与城镇幼儿园有一定的差距。对此，我们实行取经学习，共促发展，不定期地进行园际交流，以观摩现场、沙龙座谈、网络学习等多途径多渠道进行跟学取经。

如去靖海之星幼儿园进行观摩学习，参加听潮艺术幼儿园的教育教学展示活动进行交流学习，以及后备干部的跟岗学习。希望利用园外资源拓宽我们的学习途径。

（四）专家引领学习

我们经常邀请市区专家来园指导，实现对教师专业性的理论引领。如我们邀请到区教科研专家黄建初老师做科研的专题指导报告，邀请到陈家昌老师做"百草园"课程的面对面交流辅导活动，邀请到区教科研专家吕萍对课题实施蹲点指导。

在课题的开题、结题、展示中，我们也有专家的引领、参与和点评，并且展开更深度的学习。如上海市开放大学董丽敏教授对我们课题的中期展示做出点评，充分肯定幼儿园的研究过程与取得的成果：宣桥幼儿园"百草园"课程较好地体现了STEM的教育理念，从孩子的需要出发，进行项目设计；并关注孩子主动探究的过程，自主实践，较好地培养了孩子的观察力、责任心。同时，董教授也提出了在课题后阶段的建议：一是关注师资的培养，让每一位教师都能实践优质的"百草园"课程；二是加强教师家庭教育指导能力的培养，真正实现家园共育。

（五）全员覆盖学习

课题组认真规划课题学习方案，分为三个途径开展。

一是拓展学习人员。将全园教师纳入学习范围，对整个课题方案进行通读式学习，使全体教师了解幼儿园课题研究的目标、意义和实施计划，以便在课题研究过程中得到全体教师的支持和配合。

二是对方案进行研讨式学习，组织课题组成员积极参与上级课题培训，确保课题研究的正确方向。

三是与园本教研相结合的学习，拓展信息渠道，学习有关理论文章和教学方法，了解最新教育动态，深入理解《指南》所传递的教育理念，对相关领域的目标、内容和要求、指导要点组织学习和相关自学，有效激励，明确职责，规范课题研究过程。

（六）注重合作学习

在明确全园课题研究目标的基础上，我们以教研组为合作研究小组的方式，组织教师开展研究。

建立以子课题主持人为主要负责人的教科研管理制度。每个子课题小组要上交课题申请书、课题计划，实行课题例会制。课题组和子课题组活动兼顾，或针对研究重点、难点进行研讨，或举行观摩活动，或布置交流下阶段任务、汇报交流课题进展情况等。每位参与人员明确分工，及时整理课题研究过程性资料，如会议记录、教师论文、研讨总结、图片照片、摄像资料等，以便于增强教师对研究的认识，及时总结提升经验。同时，定期组织课题信息资源分享活动，从而确保了课题研究的有效开展。

二、实践探索，建立稳定的课程开发程序

（一）举行开题会议，把握研究工作总体思路

2018年10月26日，我们在区科研室专家吕萍等老师的指导下举行开题仪式，宣读课题研究方案，布置课题实施工作，该课题正式启动。具体做了以下工作：

1. 制订符合幼儿园实际的幼儿"百草园"计划

在幼儿"百草园"课程制订中，确立课程编制的基本原则。我们提出的课程编制原则为"课程目标的全面性、整合性、发展性；课程内容的本土性、系列性、探索性；课程实施的主体性、主动性、创造性；课程形式的多样性、互动性、开放性；课程评价的动态性、差异性、多元性"。

计划编制中还应特别注意突出一个"本"字，即幼儿园的特色：办学特色、教学特色、本土特色、育人特色等。

因此，在计划制订中我们尤其重视对我园资源情况的分析，以更好地在把握本园实情的基础上制订课程计划。首先，我们课程小组通过研讨编制相关资源关系网络图，使教师清晰地明白主题开展中的可利用资源及相关系列；其次，我们通过观察、教师讨论、访问等方式对本园现有主题活动进行评估，了解幼儿发展真正需求；最后，对园内外的课程开发自然资源做分析，尤其是社区自然资源。由此，论证课程开发、实施的可行性。

2. 搜集、筛选社区自然资源

《学前教育课程指南》明确指出：教师应有课程开发的意识，幼儿园应充分利用社区和周边环境，为幼儿的体验性、探索性学习创造条件。

我园地处民风朴实的宣桥镇，物产资源丰富，蕴含着丰富的教育价值。因此，我们组织力量查阅南汇网、《南汇县志》、实地走访景观，调查了解农家乡情民风，搜集、整理了大量的社区优势资源信息资料。

我们对搜集来的资源进行筛选并按社区自然资源、家庭中的社区自然资源、人文资源的维度进行了分类。在此基础上还对各资源的教育功能进行定位，从而为各类自然资源的有效利用提供了方便和可能。

虽然有很多资源可以为幼儿的学习与发展提供可能，但并不是所有的资源都可以直接拿过来为幼儿所用。因此，我们最后根据二期课改的理念和上海市学前教育指南，对社区周围的可利用资源进行课程筛选。

（二）打造"百草园"特色环境

我们因地制宜、想方设法从幼儿活动的需要出发丰富环境，让环境更具有生命的气息，包容多样化的资源，有利于幼儿与环境充分的互动，满足幼儿多样化的活动体验需要。

1. 利用园内自然资源，营造浸润式环境

我园场地宽阔，环境优美，有着丰富的自然资源和环境资源，是一个充满吸引力的大课堂。我们因地制宜，对园内现有的自然环境进行充分的利用、挖掘，将幼儿园创设成了孩子们的家园、花园、乐园。

2. 创设园内互动情境，营造对话式环境

我们利用幼儿园教学楼走廊面积较大的特点，巧妙设计"二十四节气主题墙""浓浓家乡情"特色土布、农作物环境，具有变化的特色四季环境等情境环境，让幼儿与环境互动。

3. 利用地方自然资源，营造体验式环境

我们依托一座动物园、两大农田（稻田、麦田）、三大基地（瓜果、玉米、蔬菜）、四大园林（橘园、梨园、竹林、桃林）等独特的地方特色资源，同时通过田园种植、亲子活动等，从课堂走向自然，激发幼儿热爱家乡的情感。

4. 有机渗透环保材料，营造绿色生态环境

我们根据幼儿的年龄特点，选择贴近幼儿生活的课程内容，巧妙渗透绿色材料,通过在课程中渗透绿色生活的理念,倡导低碳生活方式,树立教师、幼儿、家长和大自然和谐相处的环保低碳意识。

（三）优化课程内容

幼儿园课程内容应符合幼儿发展的特点和需要,应与周围的生活紧密联系,从幼儿的需要和兴趣出发,关注不同发展领域的关键经验,有针对性地确定课程内容。我们针对本园、本班儿童的实际情况和活动需要,灵活地加以选择、调整和安排。

1. 优化幼儿成长与课程的链接

（1）形式的链接

在对主题课程进行整体准备性审议后,改变集体教学活动的方式,纳入到其他一日活动(区域游戏、生活活动、户外活动、小组活动等)。

如主题"稻米飘香"。以聚焦孩子的问题出发,通过小组项目探究开始,幼儿通过回家亲子现场观察水稻、小组探究大米的由来、水稻的生长过程、调查表记录、小组交流的方式,集体分享和探索发现有关水稻的不同秘密。

（2）时空的链接

幼儿"百草园"课程活动是不受时间空间限制的,但是实施这样的课程教师首先要了解这些课程内容的特点,要做到早知悉,早打算,因为孩子还是比较缺乏经验的。

做好时空的链接,我们就可以弥补这些缺失,就能更好地丰富孩子的相关经验,更好地关注孩子探索事物的兴趣,更好地保持孩子持久的探索兴趣,在主题推进中习得经验和相关的能力。

如主题"好吃的番薯"。因为是在春季种植,秋季收获的,所以我们不可能在同一时间段完成此项主题活动,为此我们将这样的实践以活动的形式拓展。让孩子在春季的时候参与种植活动,秋后开展收获。在这个过程中孩子的劳动能力、观察能力、记录能力及对事物探究的持续性得到了很好的培养。

除此之外,考虑到幼儿"百草园"课程活动的特殊性,我们很多活动是充分挖掘整合家长资源,借助"百草园"基地等自然资源,有效链接从园内到园外的空间变化,弹性安排原来的固定时间,将主题活动实施过程中的困惑有效化解、迁移。

如大班主题"国宝大熊猫"是借助上海野生动物园的资源,让家长自主地利用节假日休息时间去野生动物园大熊猫馆参观。这就是老师要给予一定的时间和空间来组织活动,不能采取"一刀切"的规定。

2. 优化幼儿需求与课程的平衡

考虑到领域平衡,我们又结合社区自然资源和幼儿的兴趣经验,适当地补充一些新的内容。

（1）结合社区自然资源

我们开展农家元素的游戏活动,包括"百草园"主题背景下的个别化学习探究活动、农家资源有效利用的活动,以及班级"百草园"的创设和实践活动。

（2）结合幼儿兴趣、经验

借助相关绘本故事,引发孩子的兴趣,开展相关的活动。

如小班在"青青菜园"主题中借助绘本故事《一园蔬菜成了精》开展了美术蔬菜拓印活动；中班则开展了绘本语言故事；大班则开展了美术创意活动"蔬菜精灵保卫战"活动,借助幼儿感兴趣的情境,尝试运用协商分工、同伴互助等合作方法解决问题。

还有,大班老师在亲子活动观察大熊猫后,根据孩子的兴趣和需要开展了集体活动"国宝大熊猫",将孩子个体的经验,通过分享、交流,和老师梳理提升的方式,转化为集体经验。

3. 拓展,引发、衍生与主题相关联的其他微活动

幼儿"百草园"课程是聚焦孩子的兴趣和问题展开的,所以预设的内容可能并不很好地适合当前孩子的兴趣需要,可能在推进中引发、衍生出更多与主题相关联的其他活动。

如在"国宝大熊猫"主题推进中,在主题结束阶段,孩子们对主题中大熊猫元素的运用产生了浓厚的兴趣,于是主题最后引发了大熊猫元素大搜索的活动。同时也激发了家长一起参与的兴趣。教师、幼儿、家长一起参与,教师及时利用思维导图帮助幼儿梳理和展现大熊猫标志、大熊猫影视、大熊猫饮食、大熊猫保险、大熊猫装饰、大熊猫邮票及大熊猫服饰等,使孩子对大熊猫元素的应用从个体的认识到群体的认知。在这个过程中也提高了孩子积极收集信息能力和亲子合作能力,较好地体现了师幼、家园共建课程,丰富孩子的经历和体验。

（四）完善课程的评价方式

1. 自评

（1）实施前:解读、研讨式

主要是由科研部门领衔、课题组协同教研组通过讨论和总结的方式进行,通过自上而下、自下而上相结合的参与方式来确定主题目标的适宜性和有效性,课题组成员通过讨论,小中大对比,根据评价结果调整和补充课程内容与要求、课程评价表以及实施方式,体现幼儿"百草园"主题的发展性特点。

(2)实施中:反思、互评式

以个体教师反思为主、同伴互评及教研组评价为辅,通过相互观摩、反思与互评,教师既能较为客观地评价课程实施的质量,也能明确自己在课程实施中的优势和不足。

(3)实施后:交流、反馈式

主要形式是交流,在教研组内交流课程实施的结果,评价课程的实施结果是否达到预期的目的。反馈是教师在教研组内交流的过程中收集对园本课程的评价信息,形成调整或改进措施,并及时反馈给幼儿园课程研发组,为园本课程的发展和完善提供科学的依据。

2. 他评

以沙龙研讨、主题评价表、现场观测为评价手段与方法,借助教研室专家、幼儿园课程评价组、家委会代表等外援力量,阶段性地对课程实施情况展开评估。

第二节 探索课程的可利用资源

课程的资源开发利用是一项系统工程。在具体实践当中,我们充分梳理挖掘园内外的可利用资源,了解幼儿的成长需求,把握"百草园"课程建设的需要,提高课程建设的有效性。

一、家庭资源中的自然资源

在我们周围的农家几乎家家有桃林、竹林、稻田、麦田,是名副其实的天然大氧吧。玉米采摘园、竹海拾趣园、自然生态园是孩子们感受自然、采撷芬芳的好去处,可以给教师和孩子们带来灵感。

于是我们对课程资源进行信息梳理和盘点汇总,确定课程资源途径及筛选标准,初步拟定按多个维度进行研究。同时调动各方力量,多渠道、多途径地寻找课程资源,有序地、有目的地收集资源。

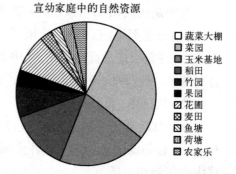

宣幼家庭中的自然资源

- □ 蔬菜大棚
- □ 菜园
- ▨ 玉米基地
- ■ 稻田
- ▤ 竹园
- ■ 果园
- ▨ 花圃
- ▨ 麦田
- ▧ 鱼塘
- ▨ 荷塘
- ▨ 农家乐

首先,课题组精心设计了一套家长问卷调查表,了解家长周边自然资源拥有情况。调查结果如右。

从本次家长调查表的整体情况看,幼儿园家长手中的自然资源比较丰富。如,可以让孩子去葡萄园、草莓园、蔬菜大棚、玉米基地、农家乐实践基地等地方参观体验。并且,许多家长还表示尽力支持,这无疑是给我们"百草园"课程的开展注入了新的活力,为课题的实践研究打下了很好的基础。

二、幼儿园周围的社区自然资源

我们收集园所附近一定范围之内的各类自然生态资源、社会文化资源,并进行筛选和重组,形成我园的教育资源。

从教材引向园内园外的资源,并对其分布的区域以图表的方式加以直观呈现(如下图)。

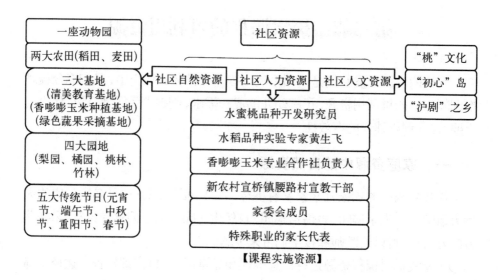

【课程实施资源】

（一）得天独厚的社区自然资源

我园开发社区自然资源的教育价值，包括上海野生动物园、会宁果蔬合作社"绿色田园"基地、生飞家庭农场、上海清美绿色食品（集团）有限公司等。我们将这些社区自然资源与幼儿园课程整合，通过与这些基地、公司的签约合作，为幼儿创设走出园门，走近自然，融于自然，乐于体验的环境，从而打造特色幼儿"百草园"课程，提升课程的园本化内涵。

1. 上海野生动物园

上海野生动物园位于宣桥镇，距离我园枫亭部1 000米左右，是由上海市人民政府和中国国家林业局合作建设的中国首座国家级野生动物园，占地153公顷（约2 300亩），于1995年11月18日正式对外开放。2007年5月8日，上海野生动物园经国家旅游局正式批准为国家AAAAA级旅游景区。园区居住着大熊猫、金丝猴、金毛羚牛、朱鹮、长颈鹿、斑马、羚羊、白犀牛、猎豹等来自国内外的珍稀野生动物200余种，上万余只，园区分为车入区和步行区两大参观区域。上海野生动物园是集野生动物饲养、展览、繁育保护、科普教育与休闲娱乐为一体的主题公园，荣获2015至2019年度全国科普教育基地荣誉称号。这就是我园得天独厚的动物探究的资源。

2. 腰路村蔬菜生产基地

"宣桥镇是以蔬菜为主导产业的全国'一村一品'示范村镇，也是上海市率先启动建设的3个蔬菜保护镇之一。腰路村处于其核心位置。"腰路村依托农业龙头企业清美集团等，建设现代化蔬菜生产基地，全力发展蔬菜产业，打造一、二、三产业融合示范。在清美集团的智能化蔬菜生产科技示范区和5G数字优质水稻生产示范区、数字化菜田生产示范区，集成了AI、IOT、多因子耦合算法、云计算、大数据等国内先进技术成果，实现了"一屏观全程、一屏管全程"。农业生产不再是"面朝黄土背朝天"，生产效能全面提升。这为我们幼儿"百草园"园外课程注入了新的活力。

3. 宣桥镇生飞大米基地

宣桥镇季桥村蔡圈6组313号，农场主黄生飞是宣桥镇人。2018年，生飞家庭农场被评为上海市示范家庭农场。"生飞大米"也成为每年浦东新区农博会最有号召力的品牌之一。在"生飞大米"的包装袋上还写着这样一句话——"不用菜也可以吃一碗白米饭，烧粥更好吃哦！"简单朴实的广告语背后,是黄生飞对自己生产的大米的"品质自信"。这也是我们就近的资源。

4. 上海清美绿色食品(集团)有限公司

清美集团总部食品产业园坐落于上海市浦东新区宣桥镇三灶工业园区,占地200亩,现有厂房建筑面积近30万平方米。通过持续不断的模式创新,清美集团已成功打造出豆制品专卖、面点早餐连锁、中心菜场、清美鲜食便利店"四大商业模式",夯实了"四大优势",实现了从"豆制品专家"向"城市生鲜食品综合服务商"的成功转型。我们可以带领孩子们参观种植基地,参观厂房公司操作流程,丰富孩子生活,给予孩子多样的实践和体验。

5. 宣桥新安村的香嘭嘭玉米基地

玉米是世界公认的"黄金作物",含有多种特殊的营养素,其脂肪、磷元素、维生素B_2的含量居谷类食物之首。鲜食玉米又是上海市的一个重要经济作物,而浦东宣桥镇的鲜食玉米更以其规模大、技术精、管理好、产品优而闻名遐迩。

浦东新区宣桥镇的香嘭嘭鲜食糯玉米,其色泽鲜嫩,品种有白糯、紫糯、花糯等多样,营养丰富、肉质软糯、香气诱人,是一种老少皆宜、强身健体、防病治病的纯天然新型保健食品,深受市民的欢迎。2013年上海市浦东新区宣桥镇新安(香嘭嘭鲜食玉米)被农业部认定为第三批全国"一村一品"荣誉称号。我们可以带领孩子们种植,参与管理,采摘分享等。

(二)底蕴深厚的社区文化资源

1. 南汇桃花节

我园临近具有丰富文化底蕴的著名桃乡——南汇桃花村,桃文化如春风化雨般无声地滋润着我们。南汇桃花村历经十几年的开发、重建,如今以全新的面貌迎接八方宾客。桃花村是集赏花、休闲、娱乐、餐饮、购物等为一体的独家休闲景点。2006年度被国家旅游局评定为"全国农业旅游示范点"。2008年度被国家旅游局评定为"国家AAA级旅游景区",是上海市民喜爱的最佳乡村旅游景点。2008年被评为上海桃花节"最具人气奖"。阳春三月,桃花村的百亩桃园为你争奇斗艳,可谓"不到桃花村,哪知桃花艳",让你享受天人合一,回归自然的乐趣。

"桃文化广场""桃园景区""桃文化基地"为孩子探索社区文化提供了场所,而"桃花节""水蜜桃品摘节"等节日活动则是引导幼儿认识家乡文化特色的良好契机。

2. 宣桥镇中心村红心园教育基地

宣桥镇党的历史源远流长,1928年7月,浦东地区第一批党组织之一的中心桥支部在宣桥镇中心村区域成立并开展革命活动,为浦东地区的革命活动点燃了星星之火,为宣桥地区培育了一大批革命志士。

宣桥镇重视党史学习教育,在宣桥地区最早成立党支部的地方建"初心岛",立"初心石",让广大人民群众能够了解宣桥的红色历史红色故事,用革命先烈的精神鼓励更多的人参与到浦东改革开放再出发、建设绿色生态宜居新宣桥的征程中。我们以传承红色基因为主线,挖掘人文底蕴,让孩子参观了解红色基地,传承红色故事,从小培育爱家、爱党、爱国的情怀。

(三)丰富独特的社区人力资源

社区资源中有丰富的人力资源,如专业记录南汇桃花节风情的记者、新闻撰写人员、专门从事水蜜桃品种开发研究的专家、重视水稻品种实验的黄生飞、进行香嘭嘭玉米研究的新安村村民张林娟玉米种植户、香嘭嘭玉米专业合作社负责人、新农村宣桥镇腰路村书记潘耀平等。

我园运用"种桃导师""家长辅助教学"的形式,邀请他们到幼儿园参加"百草园"主题特色活动,让他们为小朋友讲解水稻的生长过程、玉米的移栽和采摘、新农村的发展、桃园的桃子生长过程、初心岛的红色年代故事等,使他们逐渐成为我园开展"百草园"主题活动中不可或缺的坚强后盾。

幼儿园社区自然资源汇总表

类　别	分　类	地　点　名　称
社区自然资源	一座动物园	上海野生动物园
	两大农田	稻田:生飞家庭农场、新安村农田
		麦田:生飞家庭农场、新安村农田
	三大基地	玉米基地:新安村玉米基地
		瓜果基地:清美公司、新安村周边农田
		蔬菜基地:清美公司、新安村周边农田与蔬菜大棚

续　表

类　别	分　类	地　点　名　称
社区自然资源	四大园林	桃园：新安、张家桥周围桃园、南汇水蜜桃基地
		梨园：新安、张家桥周围梨园
		竹林：新安、张家桥周围竹园
		橘园：新安、张家桥周围橘园、大治河橘园
	五大节日与节气	春节、元宵节、端午节、中秋节、重阳节
社区文化资源	桃文化	宣桥镇桃文化研究基地、南汇桃花节
	初心岛红色教育基地	宣桥镇中心村红心园教育基地
	沪剧之乡	宣桥镇文化中心
社区人力资源	南汇桃花节新闻撰写人员	宣桥镇新闻社
	专门从事水蜜桃品种开发研究的专家、重视水稻品种实验的黄生飞、进行香喷喷玉米研究的新安村村民张林娟玉米种植户、香嘟嘟玉米专业合作社负责人、新农村宣桥镇腰路村书记潘耀平等	宣桥镇品牌研究基地、生飞家庭农场、新安村玉米种植基地、宣桥镇腰路村、清美有限公司
	家长资源中"种桃导师"、家长中的种植、养殖能手	家长资源调查中相关能手

　　总体来说，我们配合现代化生态农业发展的进程，保证幼儿"百草园"课程活动得以有效实施和多层次延展。

第三节　建立课程的目标体系

　　在充分挖掘园内外的社区自然资源后，我们基于课程的教育价值，为了使资源能成为发展幼儿"百草园"特色课程的内容,重组和改造这些资源,形成了课程的行动框架和目标体系。

一、幼儿"百草园"课程资源框架和行动框架

(一)梳理挖掘课程资源

随着活动的开展,我们根据我园社区自然资源汇总表,建立出相应的资源开发和利用方案,如下表。

幼儿园社区自然资源的开发与利用表

类别	分类	地 点 名 称	适宜使用的时间	适宜开展的活动
社区自然资源	一座动物园	上海野生动物园	全年	动物主题的研究(亲子活动、班级实践活动)
	两大农田	稻田:生飞家庭农场、新安村农田	春、夏、秋	粮食主题的探究(亲子活动、班级实践活动)
		麦田:生飞家庭农场、新安村农田	冬、春、夏	粮食主题的探究(亲子活动、班级实践活动)
	三大基地	玉米基地:新安村玉米基地	春、夏、秋	玉米系列的探究(亲子活动、班级实践活动)
		瓜果基地:清美公司、新安村周边农田	春、夏、秋	瓜果植物的探究(亲子活动、班级实践活动)
		蔬菜基地:清美公司、新安村周边农田与蔬菜大棚	春、夏、秋、冬	蔬菜系列的探究(亲子活动、班级实践活动)
	四大园林	桃园:新安、张家桥周围桃园、南汇水蜜桃基地	以春、夏为主	进行桃园的系列探究活动(亲子活动、班级实践活动)
		梨园:新安、张家桥周围梨园	以春、夏为主	进行梨园的系列探究活动(亲子活动、班级实践活动)

续　表

类别	分类	地 点 名 称	适宜使用的时间	适宜开展的活动
社区自然资源	四大园林	竹林：新安、张家桥周围竹园	以春为主	进行竹园的系列探究活动（亲子活动、班级实践活动）
		橘园：新安、张家桥周围橘园、大治河橘园	以秋为主	进行橘园的系列探究活动（亲子活动、班级实践活动）
	五大节日与节气	春节	以初春为主	进行春节及春节时间段的节气探究活动（亲子活动、班级实践活动）
		元宵节	以初春为主	进行春节及春节时间段的节气探究活动（亲子活动、班级实践活动）
		端午节	以初夏为主	进行端午节及端午节时间段的节气探究活动（亲子活动、班级实践活动）
		中秋节	以秋为主	进行中秋节及中秋节时间段的节气探究活动
		重阳节	以秋为主	进行重阳节及重阳节时间段的节气探究活动（亲子活动、班级实践活动）
社区文化资源	桃文化	宣桥镇桃文化研究基地、南汇桃花节	以春、夏为主	进行桃文化探究的系列活动。备注：大班（亲子活动、班级实践活动）

续 表

类别	分类	地点名称	适宜使用的时间	适宜开展的活动
社区文化资源	初心岛红色教育基地	宣桥镇中心村红心园教育基地	全年	进行红色基地传承系列教育活动。备注:以大班为主(亲子活动、班级实践活动)
	沪剧之乡	宣桥镇文化中心	全年	进行沪剧欣赏、学习表演等熏陶活动(亲子活动、班级实践活动)
社区人力资源	南汇桃花节新闻撰写人员	宣桥镇新闻社	根据需要联系合作,传经送宝	相关主题开展中需要的专业资源
	专门从事水蜜桃品种开发研究的专家、重视水稻品种实验的黄生飞、进行香嘭嘭玉米研究的新安村村民张林娟玉米种植户、香嘭嘭玉米专业合作社负责人、新农村宣桥镇腰路村书记潘耀平等	宣桥镇品牌研究基地 生飞家庭农场 新安村玉米种植基地 宣桥镇腰路村 清美有限公司	根据需要联系合作,传经送宝,上门参观	相关主题开展中需要的专业人员指导资源
	家长资源中的"种桃导师"、家长中的种植、养殖能手	家长资源调查中相关能手	根据需要联系合作,传经送宝	相关主题开展中需要的专业指导资源

（二）制定课程行动框架

我园的幼儿课程资源建立在幼儿园独特的生态环境中，充分挖掘幼儿园园内园外的社区自然资源及主题课程的教育价值，是我园特色课程赖以成长的沃土。但要使资源能成为发展幼儿"百草园"特色课程的内容，还需要幼儿园智慧地对这些资源进行重组和改造。

于是，我们通过园内的课程审议和邀请专家指导，基本形成了各个年龄段、每学期的"百草园"课程的行动框架。整个框架我们从课程理念、课程目标、课程内容、课程实施路径及课程管理这五个方面开展，如下图：

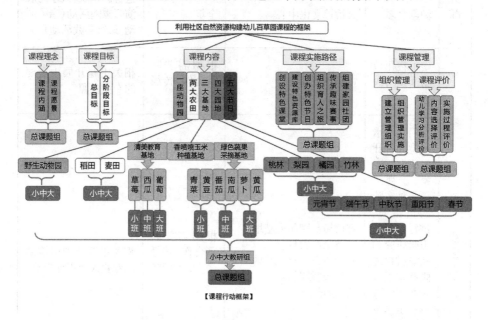

【课程行动框架】

二、幼儿"百草园"课程的目标框架体系

（一）幼儿"百草园"课程愿景与理念

我们的幼儿"百草园"课程融入《指南》新理念。"百草园"课程理念是"以人为本，乐行百草园，成长你我他"。在"乐行百草园"之系列探索活动中满足每个幼儿对安全与健康、关爱与尊重的基本需要，并为幼儿提供平等的学习与发展机会；与幼儿阶段的学习特点与身心发展水平相适应，激发幼儿积极、主动地学习；尊重幼儿学习与发展的个体差异，体现个别化教育，为每一个幼儿的健康成长提供条件，为每一个幼儿的多元智能的发展创造机会。

挖掘优质资源,体现师生共建,凸显多方参与,构建园本特色活动课程。

幼儿"百草园"的课程愿景是把孩子的成长、教师的成长、家长的改变,与幼儿园的发展有机结合起来,谋求的是和谐优质的共赢发展。我们的愿景是聚焦每一个孩子的发展;促进教师的专业发展;家长在参与幼儿园幼儿"百草园"课程建设中,从"旁观者"转变为"参与者";凸显幼儿园特色,打造幼儿园品牌。

我们坚持"立足本土,田园有梦",因地制宜地满足幼儿"返璞归真、回归自然"的喜好与愿望,让每一个孩子植根于幼儿"百草园"课程活动中茁壮成长。

(二)幼儿"百草园"课程设计指向与实施路径

1. 课程设计指向五大方面

第一,贴近幼儿园学科领域的幼儿"百草园"故事,让美好童年香气四溢;

第二,指向核心素养的幼儿"百草园"课程目标,用美好拥抱自然广阔世界;

第三,架构富有特色的幼儿"百草园"课程体系,绘制百草园课程绿色地图;

第四,聚焦创新实践的幼儿"百草园"课程实施,在带有大自然韵味的体验式学习中孕穗拔节;

第五,开放民主的幼儿"百草园"课程管理,在醇厚滋养中实现美丽绽放。

2. 课程实施六大路径

第一,构建幼儿"百草园"特色课堂。打造"特色活动课堂",飞扬课堂魅力。包括集体活动、个别化学习、种植观察、亲子活动、农家游戏、班级"百草园"等。

第二,建设幼儿"百草园"特色资源库。基于教师课程选择权,倡导老师们开发设计班级"百草园"主题包,分享集体的智慧。课程设计给教师提供了课程选择权和积极主张的平台,为老师们提供了自由选择和创新实践的多元课程选择权。每一位教师呈现出来的设计思考和风格,厚实"百草园"千姿百态的课程主题内容……为保障鲜活的课程进入幼儿的课堂,我们挖掘家长、社区各类资源,建设幼儿园课程活动基地,在"美丽乡村"家园建设中,腰路村、会宁果蔬合作社"绿色田园"基地、生飞大米水稻基地、香嘟嘟玉米基地以及野生动物园、清美大豆加工教育基地等,配合现代化生态农业发展的进程,保证幼儿园选择性课程活动得以有效实施和多层次延展。

第三,创办幼儿"百草园"特色节日。幼儿"百草园"课程活动亮点可谓层出不穷。为激发孩子对"百草园"传统文化的兴趣,园内每学期举办农家点心体验活动,设立绿色"美食节",结合农业节气组织传统体验活动,"闹元宵、猜灯谜送福字",结合节日,品味家乡民俗的醇香和甜美。宣幼炫彩"环保时装秀",环保主题教育经久不衰,每年春季孩子们穿着土布、稻草、报纸蓬蓬裙,披着蜘蛛侠斗篷、将军服等"盛装出席",摆出最美、最酷的姿势,赢得阵阵掌声;江南水乡音乐旋律中,孩子们穿上蓝印花布衫,嬉戏玩耍,犹如一幅幅美丽动人的江南水墨画;"东北民族风"的孩子们,穿上大红土布小袄,戴上炫酷十足的头饰,踩着秧歌步,钻圈圈、捉蝴蝶,结伴表演和乐融融的游戏情节……

第四,组织幼儿"百草园"育人之旅。乐行"百草园",始终遵循立德树人的根本目标,培育孩子用双脚去丈量世界、用双眼感知变化、用身体感悟自然、用心灵感恩社会。通过春游、秋游、"百草园"小课堂、动物认养、爱心捐赠等社会活动,鼓励孩子主动接近社会、适应环境和发展的需要,促进幼儿与生活的深度融合,始发身动心远的成长之旅。

第五,传承幼儿"百草园"趣味赛事。结合"百草园"活动,园内还组织丰富多彩的农家亲子运动会、小青蛙故事赛、"变废为宝"科技节等,各种麦秆、玉米包皮都是有意思的创意材料,处处启迪孩子的心智。

第六,组建快乐"百草园"家园社团。目前包括"百草园"课程管理家长志愿团、幼儿"百草园"田园实践科研工作组、幼儿"百草园"园艺师社团、"百草园"小精灵表演团及"呱呱呱"百草园小喇叭广播站宣传团,共同为幼儿"百草园"课程特色活动行稳走远助力。

幼儿"百草园"课程的实施基于生活教育理论,在幼儿已有能力的基础上,活动实施方式既有园内外的现场教学、亲子游戏,社会实践也有园内的一日活动有效渗透,关注到领域之间的平衡。每个主题活动都为幼儿获得对周围事物的感性认识,提供了最有趣的资源,老师们可以带领幼儿走出封闭的环境,走进自然,去体验独特的本土文化,充分感受人与自然的关系,激发亲近自然的情感。

3. 幼儿"百草园"园本特色课程的目标分层脉络

幼儿园特色课程的建设需要综合分析幼儿园、家长、社区这三个方面的情况,在幼儿"百草园"课程的建设中,我们吸收专家、家长、上级专业教育部门的力量。

我们在幼儿发展核心素养理论以及《指南》有关精神和要求的引领下,初步确立五育并举的幼儿"百草园"特色课程总目标,并在此基础上制定小、中、大三个年龄段的分层目标,将全领域渗透的总目标渗透到各年龄段的阶段目标中,见下表:

幼儿"百草园"特色课程总目标

领域	总 目 标
科学	1. 用各种感官感知"百草园"中的自然景物、特色产物,了解"百草园"四季更替的变化、家乡的风土人情及了解人与环境的依存关系。 2. 亲近自然、接触社会,愿意发现"百草园"的秘密,感受"百草园"四季更替变化的独特气息和价值。
语言	1. 乐意与人交谈,讲话有礼貌;理解幼儿"百草园"课程中的日常用语。 2. 喜欢与他人一起谈论幼儿"百草园"图书和故事的有关内容。对图书和生活中的文字符号感兴趣,知道文字表示的一定的意思。 3. 乐于大胆介绍自己在幼儿"百草园"实践活动中经历的趣事或体验。
艺术	1. 感受并喜欢幼儿"百草园"的环境、生活和艺术中的美;萌发审美情趣。 2. 喜欢参加"百草园"艺术活动,并能大胆地表现自己的情感和体验。 3. 积极地尝试运用语言以及其他非语言方式表达和表现"百草园"中各类艺术表现活动,具有一定的想象力和创造性。
社会	1. 主动参与"百草园"各项活动,有自信心。 2. 在开展幼儿"百草园"活动中,努力做好力所能及的事,不怕困难,有初步的责任感。 3. 了解并遵守参与百草园活动所必需的规则,体验人与人相互关爱与协作的快乐。
健康	1. 在参与幼儿"百草园"活动中,初步形成文明卫生的生活态度和习惯,独立自信做力所能及的事,有初步责任感。 2. 愿意主动参与"百草园"实践活动,增强体质,提高运动能力和行动的安全性。

各年龄段"百草园"课程目标

领域\年龄段	小 班	中 班	大 班
科学	1.尝试用多种感官或动作去模仿探索"百草园"事物。 2.喜欢接触"百草园",对"百草园"的事物感兴趣。	1.对"百草园"的事物或现象进行观察比较,用图画或其他符号记录自己的发现。 2.感知发现"百草园"中事物和现象的主要生长变化过程,了解季节特点对"百草园"事物的影响。	1.对"百草园"的事物或现象进行较系统的观察与质疑,并能用自己的方式记录其变化过程。 2.在"百草园"活动中,能主动运用多种感官感知四季更替变化、家乡风土人情以及人与环境之间的依存关系,有一定的环保意识。 3.积极动手操作探索,爱思考、爱提问,并乐意与同伴分享、交流、合作。
语言	1.能在老师的提醒下使用适当的礼貌用语,能倾听和学说"百草园"课程中的日常用语。 2.乐意观察"百草园"图书上画面内容,愿意大胆表达自己对画面意义的理解。	1.理解幼儿"百草园"课程中的日常用语,能用讲故事、儿歌等形式表现在"百草园"里的发现或经历的趣事。 2.对贴近生活的"百草园"内容感兴趣,喜欢与他人一起谈论幼儿"百草园"的有关内容。	1.能在观察的基础上讲述参观"百草园"过程中的所见所闻。 2.乐于想象自己在"百草园"活动中的情节与活动,并能大胆进行创编活动。
艺术	1.喜欢观看"百草园"中美的事物。 2.愿意自哼自唱、涂涂画画"百草园"的事物并乐在其中。	1.在欣赏"百草园"中美的事物时,关注其色彩、形态等特征等。 2.喜欢参加歌唱、律动、绘画、手工等多种方式表现"百草园"的所见所想。	1.能积极、主动参加"百草园"系列活动,大胆地表现自己的情感和体验。 2.能用多种方式表达表现自己在"百草园"中的所见、所闻,感受"百草园"的自然美。 3.乐意欣赏同伴他人的作品,感受"百草园"的独特文化。

续 表

领域 \ 年龄段	小 班	中 班	大 班
社会	1. 对"百草园"活动有兴趣,愿意参与游戏或其他活动。 2. 在开展幼儿"百草园"活动中,喜欢承担一些小任务。 3. 为自己的行为或活动成果感到高兴。	1. 愿意运用各种方式发现"百草园"的秘密,参与种植采摘等活动。 2. 愿意参与各项活动,努力做好力所能及的事。 3. 尊重"百草园"中劳动者的劳动,萌发爱家乡的情感。	1. 能在"百草园"系列活动中,主动与同伴合作,体验同心协力完成任务的快乐。 2. 喜欢劳动,关心"百草园"四季的变化。 3. 关心"百草园"中的各项活动,理解并遵守"百草园"活动中基本的社会行为规则。
健康	1. 在参与幼儿"百草园"活动中,不偏食,不挑食,喜欢吃蔬菜水果等新鲜食品。 2. 愿意在老师的引导下参与"百草园"实践活动,在活动中有初步的自我保护意识。	1. 在"百草园"活动中,能养成良好的文明卫生的习惯。 2. 喜欢参与"百草园"实践活动,尝试做简单的收拾、整理及清洁工作,有初步的环保意识和劳动意识。	1. 在开展幼儿"百草园"活动中,养成良好的生活卫生习惯,有初步的责任感。 2. 能主动参与"百草园"实践活动,增强体质,提高运动能力和行动的安全性。

通过这样的层级分解,最后将课题培养总目标落实到每个年龄段幼儿身上,并以此为基础,为幼儿"百草园"特色课程的内容设计提供了依据。

第三章 「百草园」课程的内容设计

幼儿"百草园"主题活动是我们基于《上海市学前教育课程指南》中"构建以整合、开放为特点的课程内容""凸显以活动、体验为特点的课程实施"的课程理念，创造性地进行内容设计。我们力图从幼儿本身出发，制定课程的实施方法和路径。同时，在我们的课程评价中，逐渐从单一走向多元，形成积极、友好、平等和民主的评价体系，使评价不再是"一家之言"，而是理智、情感和行为的统一。

第一节 制定课程的活动内容

"百草园"课程活动以专题性形式为主,打破班级界限和基础性课程四类活动在实施中相互分离的界限,以幼儿自主参与为途径,让幼儿按照自己的意愿,带着自己的问题,在自然中感受、体验、探索,从而释放幼儿天性,丰富幼儿有益经验,促进幼儿自然成长、和谐发展。

一、幼儿"百草园"课程内容和文本方案

(一)课程内容

幼儿"百草园"主题活动包含两大块内容,呈现出整合、开放的特点,一块是"百草园"教育基地活动;一块是节日节气主题教育活动。

一座动物园(上海野生动物园)、两大农田(稻田、麦田)、三大基地(清美食品加工教育基地、香嘭嘭玉米种植基地、绿色蔬果采摘基地)、四个园林(家庭竹林、南汇桃林、家乡橘园、梨园)和五大传统节日(春节、元宵节、端午节、中秋节、重阳节)。

其中,一座动物园我们是根据共同性课程中不同年龄阶段的关于动物主题并结合资源特点有针对性地开展主题活动;两大农田、三大基地及四大园林,我们是结合共同性课程或者季节特征及孩子的兴趣需要,从问题出发,结合预设与生成相结合的原则,开展幼儿"百草园"主题实践活动;五大传统节日、节气活动,我们按我国传统节日文化、季节、生态节活动,并结合幼儿兴趣、年龄特点整合生成的主题开展相关活动。

总之,各个素材内容串联成纵横主线,各班活动内容既有延续又可独立开展。

1. "百草园"主题学习活动

"百草园"教育基地活动则利用周边丰富的自然基地,开展有趣的基地活

动,现已形成"甜甜的草莓""玉米故事""萝卜嗨翻天"等系列主题活动。"主题"是按照自然四季的变化来组织开展的一系列"百草园"主题学习活动。

已开发的"百草园"主题活动内容

年龄段	素材	第一学期可选内容	素材	第二学期可选内容	备 注
小班	动物	"小兔子乖乖" "鱼儿游" "小乌龟爬爬" "可爱的小鸡" "小蚯蚓"	动物	"蜗牛旅行记" "虾" "小蝌蚪" "小鸭嘎嘎"	主题是基于孩子的兴趣和经验之上有针对性地选择,也可以根据班级孩子的兴趣需要生成和设计新的主题。
	农田	"参观稻田"	农田	"有趣的麦田"	
	基地	"青青菜园" "甜甜的草莓"	基地	"香香甜甜的玉米" "好玩的蚕豆" "西瓜甜甜" "西红柿宝宝" "黄瓜园"	
	园林	"酸酸甜甜的橘子"	园林	"畅游桃园" "青青竹林" "美丽梨园"	
	节日	"月圆中秋" "重阳浓浓情"	节日	"热闹的春节" "端午节" "元宵喜乐多"	
中班	动物	"小瓢虫探究记" "牛儿哞哞" "小鸽子你好" "有趣的蚂蚁" "羊"	动物	"蝴蝶成长记" "勤劳的小蜜蜂" "乌龟的秘密" "小青蛙"	
	农田	"金种子"	农田	"走进麦田"	
	基地	"菜园" "红薯的秘密" "丰收的南瓜"	基地	"香喷喷的玉米" "西瓜娃娃" "蚕豆总动员" "弯弯黄瓜"	

续 表

年龄段	素材	第一学期可选内容	素材	第二学期可选内容	备 注
中班	园林	"橘园乐"	园林	"桃园乐" "梨园乐" "竹林青青"	主题是基于孩子的兴趣和经验之上有针对性地选择,也可以根据班级孩子的兴趣需要生成和设计新的主题。
	节日	"中秋乐团圆" "重阳乐陶陶"	节日	"欢乐中国年" "粽儿飘香迎端午" "欢喜闹元宵"	
大班	动物	"恐龙的秘密" "国宝大熊猫" "有趣的蚂蚁" "小蜗牛旅行记"	动物	"蚕宝宝一生" "蚯蚓的故事" "青蛙成长记"	
	农田	"稻米飘香"	农田	"丰收的麦田"	
	基地	"萝卜嗨翻天"	基地	"玉米田地游" "玩转西瓜" "蚕豆的故事" "黄瓜来了"	
	园林	"橘园乐"	园林	"桃花园记" "竹子本领大" "梨园游记"	
	节日	"浓情中秋享团圆""爱在重阳"	节日	"欢乐中国年" "端午节" "欢欢喜喜闹元宵"	

2. "百草园"节日主题教育活动

结合我国的传统节日开展的主要有春节、元宵节、端午节、重阳节、中秋节等主题活动。

节日名称	时 间	核心价值	主要特色内容
春节	农历腊八到二月初二	团圆、迎新、成长	春节的礼仪风俗

节日名称	时　　间	核心价值	主要特色内容
元宵节	农历正月十五	团圆、红火	玩花灯、猜灯谜、做元宵
端午节	农历五月初五	爱国、亲情的滋养、健康的诉求	屈原的历史传说、赛龙舟、包粽子
中秋节	农历八月十五	团聚、思念、故乡	赏月、祭月、吃月饼
重阳节	农历九月初九	尊敬、关爱、感恩	登高、赏菊、尝菊花饮品、吃重阳糕

（二）活动方案的设计

幼儿"百草园"课程的实施基于生活教育理论,研判了幼儿已有能力,活动实施方式既有园内外的现场教学、亲子游戏,社会实践,也有园内的一日活动有效渗透,关注到领域之间的平衡。

每个主题活动都为幼儿获得对周围事物的感性认识,提供了最有趣的资源,老师们可以带领幼儿走出封闭的环境,走进自然,去体验独特的本土文化,充分感受人与自然的关系,激发亲近自然的情感。

依据已形成的目标体系和框架,我们首先根据幼儿"百草园"课程内容举行了幼儿"百草园"内容方案设计的比赛活动。从"百草园"方案看到,我们教师能把眼光真正落实到我们周边的可用的有用的资源上,并注重了方案设计的可行性。

从活动的整体设计看,活动涵盖现场教学、室内教学、亲子活动和绘本故事,并能注重活动领域之间的平衡,及活动实施的可行性。可以说每篇活动方案的设计都为幼儿获得对世界的感性认识提供了最有趣的学习场所,老师们带领幼儿走出封闭的教室,走进自然,去体验独特的本土文化底蕴,充分感受人与自然的关系,激发亲近自然的情感。

在此基础上,我们对方案进行了全面系统的梳理和筛选,初步形成了课程实施的方案。我们将活动中的文字呈现要点和格式等做了统一的要求,对方案的内容与要求、活动领域和活动名称及组织形式分别列出了表达规范文本,从而保证了课程文本建设的基本质量。

　　幼儿"百草园"课程所有主题活动有效实施,我们采用闭环管理方法,活用了专家老师的培训指导,绘制翔实的研究框架,科学架构管理指导行动图,指引科研和实践行动落细、落地、落实。目前我们已积累的资料有:主题资源、活动网络图、方案设计、集体活动教案、个别化学习、大活动案例、环创活动照片和主题反思、主题评价等。

　　如:中班百草园"玉米"方案内容安排。

内容	内容与要求	领域	活动名称(举例)	组织形式	课时
中班玉米基地	1.初步了解玉米的生长过程,感受香喷喷玉米的来之不易和劳动人民的辛苦,懂得珍惜劳动成果。2.感受种植是一件快乐的事情,有播种就有希望,就能收获。在收获中分享喜悦,感受劳动的快乐。3.了解玉米的不同吃法及营养价值,知道玉米是家乡的特产。	语言(绘本故事)	"鼹鼠的玉米"	集体教学	一课时
		社会	"种植玉米"	亲子户外种植	半天
		劳作	"亲子户外活动采摘玉米"	亲子采摘活动	半天
		科学—探索	甜甜的玉米	集体活动	一课时
		艺术—美术	"香香玉米"	集体教学	一课时
		艺术—音乐	"小矮人种玉米"	集体教学	一课时
		(科学—数学活动)	"剥玉米"	集体活动	一课时
		科探	"好玩的玉米棒"	个别化操作	一周个别化学习时间
		美工	"玉米皮变变变"	个别化操作	一周个别化学习时间

　　每个幼儿"百草园"活动方案都有一个总体的活动方案,包括背景意图,活动形式、活动时间、活动对象、活动地点、活动整体目标、前期准备和主要活动。还有根据主题的内容和要求设计了相关的主题经验评价表和亲子互动单,最后是相关活动设计的参考。这样有序的设计为幼儿"百草园"课程内容的实施提供有力的保障。

二、课程结构

我园课程设置以《上海市学前教育纲要》《上海市学前教育课程指南》为基础和指导,注重课程的启蒙性、整合性和开放性,适合不同发展水平幼儿的需要。主要以共同性课程为主,面向全体幼儿,体现促进幼儿基本发展的课程内容。它着眼于最基本经验的积累和能力的提高,使每个幼儿获得最基本的发展。同时结合我园特色活动来满足不同幼儿个性化需求,在活动内容与实施途径上有所创新和突破,形成幼儿"百草园"浸润活动和幼儿"百草园"专题活动两大内容。

根据课程总目标设计幼儿园课程结构,具体如下图所示:

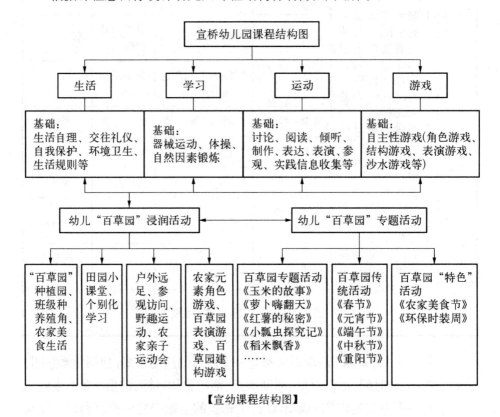

【宣幼课程结构图】

(一)幼儿"百草园"浸润活动

以上海市《3~6岁儿童学习与发展指南》等参考用书为指导,与我园幼儿发展实际相结合,将"尚自然、乐成长"课程理念贯穿始终,以上海市幼儿园共同性课程"生活""运动""学习""游戏"为主,有机渗透幼儿"百草园"四季实践体验活动,形成了宣桥幼儿园幼儿"百草园"浸润活动。

幼儿"百草园"浸润活动,每一个活动内容均从不同年龄段特点出发,充分挖掘、有效利用社区自然资源,开展相应的教育内容与实践活动,使特色活动的组织与实施更为有效。

幼儿"百草园"浸润活动包括:"百草园"生活、"百草园"运动、"百草园"游戏、"百草园"学习和"百草园"特色专题、节日节气等活动。主要内容见下表:

活动内容	活 动 形 式 与 途 径
"百草园"生活	主要包括种植园地、自然角(饲养、种植)(渗透一日活动) 农家美食生活活动(中大班每班轮流每周三中午进行实践体验活动)
"百草园"运动	户外活动:户外远足、野趣运动、农活体验、田园趣玩(游戏)等;包含:动物园探宝,农作物栽培,四季瓜果、蔬菜采摘,徒步参观等;每学期1到2次。 农家亲子运动会:大班幼儿为主,每学期举办"农家乐"亲子运动会。 社会实践活动:每学期两次活动频率;主要有亲子社团活动、幼儿社会实践等。
"百草园"游戏	农家元素角色游戏:指符合幼儿兴趣、具有地方特色,呈现出农家元素的游戏情节,或运用到农家元素材料自发的园本(班本)游戏。根据幼儿兴趣生成开展。 "百草园"专题表演游戏:是指幼儿借助"百草园"主题活动中积累的经验,结合儿童文学或音乐作品(包括幼儿自创作品)进行创造性表演的游戏。
"百草园"学习	集体学习:暨"田园小课堂"特色活动;及根据四季脉络,有机渗透在共同性主题活动中的幼儿"百草园"集体学习、亲子活动。 个别化学习:结合班本活动内容,创设特色区域,投放"百草园"专题特色材料,让孩子在集体活动后有持续性、感兴趣的个性化探索学习机会,既巩固已有学习经验,又能充分满足不同个性孩子的兴趣发展。

(二) 幼儿"百草园"专题活动

幼儿"百草园"实践活动是幼儿园基于《上海市学前教育课程指南》,

构建以整合、开放为特点的课程内容,凸显以活动、体验为特点的课程实施理念,创造性开发的系列化特色活动样式。活动以专题形式为主,打破班级界限和基础性课程四类活动在实施中相互分离的界限,以幼儿、家长自主参与为途径,让幼儿按照自己的意愿,带着自己的问题,在自然中实践、探索,从而释放幼儿天性,丰富幼儿有益经验,促进幼儿自然成长、和谐发展。

　　幼儿"百草园"实践活动呈现整合、开放、系列化的特点;包含两大块内容,一块是幼儿"百草园"实践活动:一园、两田、三基地、四园林、五节气实践体验。一块是节日、节气专题活动。

活动内容	活 动 目 标
"百草园"实践	利用家乡周边丰富的自然资源,开展有趣的基地活动,现已形成"甜甜的草莓""玉米成长记""萝卜嗨翻天""红薯的秘密"等系列专题活动。形成遵循四季变化和田园农作物、动植物生长自然规律,与共同性课程融合的"百草园"实践活动。
"百草园"节日、节气活动	结合我国传统节日(春节、元宵节、端午节、重阳节、中秋节)以及"春分、立夏"等开展专题活动;感受到节日的快乐、传统文化丰富和生活的美好。
"百草园"特色活动	传统活动:主要是根据幼儿教育、宣传需要,组织系列大活动(如"呱呱呱"百草园故事赛、"话里画外"四季绘画大赛、"蓝天下的至爱"社区献爱心活动等)。 传统节气:是指每学期举办的幼儿园特色节活动。如:每年"环保时装节""农家美食节",开展"变废为宝、家乡美食新体验"绿色行动,全员参与爱家、爱园、爱社会"献爱心"社区活动,以及立德树人全面发展培植活动。

第二节　研制课程的实施方法

　　幼儿的发展具有差异性、多样性、独特性等特点,我们在研制的过程中尤为重视课程的实施方法和路径,为幼儿全面、和谐、自由的发展创造有利条件,为幼儿积极、主动的发展拓展空间。

一、幼儿 "百草园" 课程实施的方法

主题活动是幼儿 "百草园" 课程的核心架构,是围绕中心话题形成的一系列有利于幼儿全面和谐发展的、多领域经验的整合。主题活动提供了幼儿开展探究性活动的多种线索和可能性。

在开展主题活动时,根据幼儿兴趣、能力,以及教师的经验,依托园内外自然教育资源等状况,由教师或师生共同选择生成。这种生成性课程的产生和良好发展既不是由教师,也不是由孩子来控制的,而是由教师和幼儿互动合作的结果,是师生在共同亲近自然、体验自然后的 "有感而发" "有情创作",是通过自由地发展想象、建设、提出问题,讨论,相互启发,并在思维的碰撞中产生新的火花、新的主题。

因此,在实施过程中我们需要从以下几个角度去思考。

(一) 从幼儿实际需求出发

幼儿是园所最宝贵的财富,幼儿的发展也是园所最终的发展诉求。因此课程实施从幼儿需求出发是一个必然的命题。

一是以幼儿的兴趣与需要为出发点。课程设计来源和目标要根据本班幼儿的身心发展特点,以幼儿的兴趣需要为出发点,在课程实施的过程中,善于发现幼儿感兴趣的事物创设课程,课程结束后对幼儿的评价应以其在活动中的表现为主,尊重个体差异。

二是应整合各种资源,创建课程。幼儿和教师应充分综合利用班级、幼儿、家长、社区资源,以幼儿的生活经验为基础,将幼儿的差异性与幼儿的真实生活引入到课程中,结合本地区、本园、本班级的特色社会和自然课程资源,激发幼儿的感官和思维,形成形象生动、内容丰富、探索创新的幼儿 "百草园" 课程。

○ **案例一:**

玉 米 移 栽 记

【活动实录】

3月30日7:30,十几位小朋友由家长陪同,跟随谈老师和吴老师驾车出

发，去宣桥镇新安村玉米基地进行玉米苗移栽。

大手牵小手，我们走在田间的小路上，感受小草的亲吻，感受露水的热情，感受泥土的挽留，感受小桥的婉约……

来到我们今天的目标玉米地，已经有两位老妈妈正在钻移栽玉米苗的洞洞，那动作非常娴熟流畅，给人劳动美的享受！

我们让孩子们来到玉米苗培育垅地边，带孩子们认识玉米苗的成长过程，引导他们发散推理了解玉米相关知识。然后，给予孩子们移栽要求与注意事项，再分组进行。孩子和家长们都迫不及待，根据工序：分苗，搬运，栽种，培土……小朋友们都非常认真，小心翼翼地捧着每一棵玉米苗，慢慢地放入钻好的洞里，再温柔地、一点点地培土，每个动作都非常轻柔，生怕弄疼了玉米苗苗……地里大家忙得热火朝天，不到一个小时，目标地就从空地到被栽满了玉米苗，孩子们小手小脚上也都沾满了泥巴，童稚可爱的小脸上却洋溢着灿烂、开心的笑容，他们是种下了快乐。我们看着地里栽满的小玉米苗苗，感觉是种下了希望，希望孩子和玉米苗苗，都能茁壮成长。

【家长的话】

睿懿妈妈：醒来的时候小朋友已经"学农"归来，"套鞋"总算派上用场了。感谢香嘭嘭玉米基地，感谢用心良苦的老师们，6月采摘一定要亲自带娃去。

豆豆爸爸：春天，万物复苏，大地一片欣欣向荣，这是一个播种梦想的季节。万物都向人们露出了春天的微笑。2019年3月30日，我有幸参加了中二班亲子玉米移栽活动，感触颇深。我虽然也是农村孩子，可是从来没有体验过农作物的种植，很欣慰幼儿园组织的这类活动。孩子也一样，很期待这次活动。本次有幸和老师们、孩子们一起感受了这份体验，满满的充实感。大家小心翼翼种下了一棵棵小玉米苗，种下了希望，种下了快乐。希望它们能迎着风飘摇，迎着风茁壮成长。回头看看大家的劳动成果，看看每个人脸上洋溢的笑容，很欣慰。感谢老师们组织的这样的活动，不但让孩子成长了，也让我们家长成长了。感谢两位老师的精心安排，期待小玉米的茁壮成长。

安安奶奶：感谢老师给孩子创造这个实践活动，让孩子了解并且参与玉米的种植跟玉米的成长过程。看到孩子亲自搬运玉米苗放入坑里，并细心地填土，小心翼翼地呵护着，生怕压坏……这些细心的小举动，作为家长的我，看在眼里，觉得特别温暖，特别欣慰。通过这样的实践活动，加深了孩子对自然的了解和热爱。也使孩子能明白,收获前需要付出劳动和汗水。

从这个案例中可以看出,老师根据孩子的兴趣和需要,以实践体验为原则让孩子参与课程体验活动,同时有家长的参与和配合,使孩子的体验更深刻、更持久。

(二)以幼儿生活经验为实施基点

第一,幼儿园课程是为幼儿的发展而存在的,而不是为系统知识的传授而存在的。因此,幼儿园课程的开发应关注的不是应教给幼儿哪些知识,而是幼儿发展的任务是什么或幼儿应在哪些方面得到发展,教师如何为这些发展创造条件、提供机会。其中包括如何优化幼儿的一日生活,提供哪些必要的知识经验等。一切从知识着手的课程或是教师预设的课程,并没有把幼儿的需要和发展可能作为课程的出发点,更不可能关注与幼儿发展密切相关的幼儿生活。

第二,生活是丰富多彩的,生活又是相互渗透、相互联系的。个人生活与社会生活的划分是相对的,其实两者是密不可分的。社会生活的各个层次是有机地联系在一起的。在构建幼儿园课程时,一方面应充分利用这种联系,加强课程经验间的联系和整合;另一方面,我们应充分认识到,并非所有的联系都对幼儿的发展具有正向的意义,因此要有效地选择幼儿生活的内容作为课程的组成部分。

第三,生活是一种实践、一种参与,也是一种体验。课程可以追随幼儿的生活和经验,凡是幼儿需要的、感兴趣的、尤其是随时随地在其生活、学习过程中产生和发现的,又是他们急于想知道或解决的问题,应被及时地纳入到课程和活动中来。在这样的活动中,幼儿的经验受到了真正的重视,幼儿的学习与他们的真实生活紧密地联系在一起。幼儿自主生成、自主探索的主题,大多是幼儿感兴趣的事物,幼儿觉得奇怪的现象,幼儿感到困惑的问题。当活动的主题是幼儿所喜欢、感兴趣的时候,幼儿就会调动全部的智慧去研究、去探索、去发现、去尝试,并有效地去同化外部世界,构建新的认知结构。

重新就教师的角色进行定位,建立新型师幼关系。在以幼儿生活为基点的幼儿园课程中,教师的角色面临着新的定位,教师的教育技能面临着新的挑战,教师在组织幼儿的活动中,时时被幼儿的潜能所激动,也时时面临着来自幼儿的新挑战,有时甚至会感到束手无策。幼儿园课程开放性、低结构的特征,要求教师与幼儿之间建立一种新型的师幼关系。在这种关系中,教师身上所承载的文化、经验,不是对幼儿居高临下的"倾泻",而是平等的对话;

不是灌输，而是与幼儿分享。这时教师就是一个倾听者、观察者，分析与回应幼儿的疑问与需求，随时准备给予幼儿必要的帮助。教师也应该是一个引导者、支持者，启发幼儿进行有意义的探索活动。教师还可以是一个合作者、研究者、学习者和欣赏者。活动成为师幼共同探索新知和相互作用的过程，在这个过程中，充满了自然与和谐，充满了创造与快乐。

○ 案例二：

2020因病毒而不一样的春节

这个鼠年春节和往年一样温馨，却和往年又不一样。往昔的春节，大家可能都在忙着走亲访友、游山玩水。但是今年的春节，因为一种叫"新型冠状病毒"的肺炎，使得我们都不能出门。为了了解孩子在这个春节中的感受和思考，我们通过微信群进行了线上研讨，并让家长协助参与交流记录。

我们的研讨内容如下：

今年的春节和之前的春节过得很不一样。"新型冠状病毒疫情"带给了孩子一个非常特殊的春节，我们的生活因此发生了很多不同寻常的变化，孩子由此也会产生多种复杂的感受和困惑。请围绕以下几个问题和孩子一起谈谈这个不一样的春节。

【问题一】我们之前怎么过春节？

幼儿一：之前每年过年，我们会贴春联、放烟花、看春晚，一大家人聚在一起吃年夜饭、走亲戚、拜年。

幼儿二：去年的春节我是去姥姥家过年的，买了很多烟花，许多小朋友在一起放得可开心啦！今年我只能待在家里，不能出门。

幼儿三：去年的春节我们好多亲戚在一起吃年夜饭，有舅舅、舅妈、哥哥、姐姐、叔叔、阿姨，围在一起有好多好多菜，吃得可开心啦！今年只有爸爸妈妈和我三人，妈妈说今年有病毒不能聚会，本来约好的聚餐也取消了。

【问题二】今年的春节有什么不一样？

幼儿一：今年的春节，我们没有出去拜年，没有聚会，没有出去玩。

幼儿二：今年春节期间，新型冠状病毒暴发，全中国人民都安安静静地在家中度过。

幼儿三：今年的春节我一直待在家里，为武汉加油！为中国加油！让科学家们打败病毒怪兽。

幼儿四：妈妈说为了阻断病毒的传播，大家都做出了很大的贡献，在家是对自己负责，对别人负责，对国家负责。所以我一直在家。

【问题三】今年的春节里你做了些什么？

幼儿一：今年我做得最多的事情是洗手，电视里说新型冠状病毒最喜欢通过飞沫传播，飞沫会沉积在物品表面，手接触到被污染的物品，再去摸脸，揉眼睛，就会感染病毒。

幼儿二：在这个春节，我虽然不能出门，但还是觉得过得很充实。老师们给我们设计了许多好玩的实验、游戏，还学会很多手工。

幼儿三：今年的春节，虽然有病毒不能出去，但是最开心的是每天有爸爸妈妈陪我做游戏，烧好吃的，以前春节时间很短，爸爸妈妈早早去上班了，今年不一样。

幼儿四：在这个春节里虽然只能待在家里，但是我跟姐姐学了很多字，我迷上了认字，现在有的图书我能自己看了。

【问题四】你对于冠状病毒有什么认识？

幼儿一：我认为新型冠状病毒是绿色的，老可怕了，我都不敢出门。

幼儿二：我认为的病毒是戴皇冠的球球，它们会隐身，我们看不见它们，它们可厉害了。

幼儿三：医生说冠状病毒有很多种，长得也不一样，我们要保护野生动物，不能伤害它们。

幼儿四：我觉得病毒像小虫虫，病毒可能还有大眼睛。

幼儿五：我认识了知识广博、学问精深、医术高明的钟南山爷爷，他不畏危险，奔赴疫区进行救援，84岁的钟南山爷爷真令我钦佩。

幼儿六：这个病毒不好对付，所以要勤洗手，出门要戴好口罩，不去人员聚集的场所，妈妈说非必要的情况下尽量不要出门！

幼儿七：2020年，这个不一样的春节，令我难忘。我希望我们早日战胜病毒，武汉加油，中国加油！

从和孩子讨论的案例中可以看出，我们从孩子的角度去诠释这次的病毒,既心酸又欣慰。心酸的是,原本应该在大自然中快乐成长的孩子却要被"关"在家里,失去了他们本应该拥有的自由、快乐;欣慰的是,我们引导孩子尊重自然,敬畏自然,潜移默化中,"人类与大自然需要共存"的这颗种子,已经深深在宣幼孩子们的心中生根发芽。

幼儿园在实施课程的过程中应该关注幼儿的经验。幼儿的经验是一种动态的过程。在本案例中教师结合2020年不一样的春节的社会热点话题及幼儿真切的生活经验,将原预设的幼儿"百草园"主题活动"欢乐中国年"调整为"因病毒而不一样的春节",通过多种线上的活动,让孩子密切关注这个有病毒的春节,有效地推动了主题活动的实施。这也告诉我们,教师要立足与幼儿之间的对话,将幼儿的生活经验作为课程的要素,从而真正形成一种回归生活本原的课程价值,使课程能更好地追随幼儿。

（三）凸显家乡文化背景特色

课程实施过程是一个不断动态调整的过程,对于课程实施而言,符合本幼儿园的文化特质才更能适合幼儿园的发展。因此,课程实施应从本园特色课程出发,才能更好地凸显课程的特色。

陈鹤琴先生提出:"大自然、大社会是活教材。大自然、大社会中活生生的人和事都是学生学习的对象。"因此我们充分抓住社区这一丰富的教育资源,与社区合作开展形式多样、内容丰富的传统民俗活动。

○ 案例三:

桃花节那些事

【活动目标】

1. 初步了解南汇桃花节的一些传统项目,愿意游桃花节。

2. 萌发对家乡传统文化的喜爱、自豪之情。

【活动流程】回忆导入——交流讨论——经验提升

【活动过程】

一、回忆导入

1. 出示远足赏桃花的图片:这是在干什么?

2. 我们一起远足欣赏美丽的桃花,现在桃花开放得这么美丽,南汇的桃花节也开始了,你们去过吗? 和谁一起去的呢? 有什么让你觉得好玩或者是开心的呢?

二、交流讨论

老师也去桃花节游玩了,我还拍了一些照片,让我们一起去看看吧。

1. 风景

播放课件:你看到了什么? 这是什么花? 和哪种花有点像? 原来形状像桃花,颜色是白色的是梨花。

你还看到了什么? 你最喜欢什么? 为什么?

教师小结:粉嫩的桃花、雪白的梨花、金灿灿的油菜花,还有河边的柳树,桃花节的风景可真美丽,人们都忙着在美丽的风景里拍照呢。

2. 传统表演

(1) 桃花节的舞台上,正在表演各种各样的节目,看看有哪些?

(2) 和我们平时看到的表演有什么不一样?

图片:踩高跷舞蹈、抬轿子、穿着古装的人(播放视频:唱沪剧,这是我们上海特有的一种戏曲,沪剧它唱的歌词和我们南汇人平常说的话很像。)

小结:我们爷爷奶奶小时候,就已经有这样的表演了,这也是我们南汇的传统文化。

3. 农家小吃

(1) 播放视频:桃花节里热闹的小吃街。

(2) 你看到了什么? 你吃过吗? 你觉得这些小点心好吃吗?

(3) 为什么这么多人排队? 播放包粽子、做海棠糕的视频:看上去很简单,做出来很美味,这些普通的农家点心很受欢迎,人们都排队品尝。

4. 其他

我们再一起看看,桃花节还有哪些活动:儿童乐园、野趣活动区……

三、经验提升

1. 我们南汇的桃花节有这么美丽的风景、有这么好看的传统表演、有这么美味的农家小吃还有好玩的活动,你们喜欢南汇桃花节吗?

2. 其实我们南汇的小朋友也是南汇桃花节的小主人,我们要邀请上海市区的朋友,外地的朋友,甚至是外国的朋友,让他们也来参加我们的桃花节,让更多的人喜欢南汇桃花节、喜欢南汇的文化和小吃,南汇的小主人们,你们愿意吗?

在课程实施中,我们需要融入当地的文化、风俗。让孩子去参与感受,欣赏领略大千世界形形色色的现象和开阔眼界,从而关注周围世界的变化。在这次桃花节的讨论中,让孩子在前期参与体验中了解我们的桃花节,知道一些传统的项目和风俗,并感受参与其中的快乐。

（四）以节庆活动为切入点

不断调整,梳理课程实施中的载体,使活动呈现出课程整体意识与价值。其中节日就是隐形的教育宝藏。我们通过节日活动,让孩子感受中国的传统文化,同时也培养孩子与人合作,交往和自主的能力。

当然节日活动比比皆是,如果不加以筛选,可能我们每个月都有不同的节日主题出现,这样会打破我们正常的教学活动,也牵制老师很大的精力。因此我们根据我们幼儿园的选择性课程反复梳理,选择了较为重要的与孩子生活密切关系的五大传统节日。

节日名称	时　　间	核心价值	主要特色内容
春节	农历腊八到二月初二	团圆、迎新、成长	春节的礼仪风俗
元宵节	农历正月十五	团圆、红火	玩花灯、猜灯谜、做元宵
端午节	农历五月初五	爱国、亲情的滋养、健康的诉求	屈原的历史传说、赛龙舟、包粽子
中秋节	农历八月十五	团聚、思念、故乡	赏月、祭月、吃月饼
重阳节	农历九月初九	尊敬、关爱、感恩	登高、赏菊、菊花酒、吃重阳糕

如重阳节,为了更好地从小培养孩子们尊老爱老的优良习惯,我们会每年组织九九重阳关爱活动,每个班级都会有不同形式的重阳关爱活动,同时也会走出幼儿园,走向社区、敬老院进行重阳慰问活动,用自己的方式表达对爷爷、奶奶等老人的关心和爱护。

孩子们的到来,让原本安静的敬老院瞬间热闹了起来。孩子们给老人们带来了精心排练的歌曲"百善孝为先"、律动"啦啦操"、歌表演"敲敲背捶捶腿"、歌表演"最美的光"等。孩子们嘹亮、动听的歌声以及优美整齐的舞蹈律动博得老人们的热烈掌声。

表演结束后,孩子们一起将贺卡、水果等礼物送到每一位爷爷奶奶的手里,还亲自为爷爷奶奶剥水果、和老人们讲悄悄话,爷爷奶奶们看到孩子们天真的笑脸、听到他们亲切的问候欣慰不已,整个敬老院内洋溢着一片温馨欢乐的氛围,呈现出一幅敬老爱幼的和谐画卷。

这样的活动既让老人们感受到了更多的关爱,同时加强了对幼儿尊老、爱老的传统美德教育,在孩子的心田中播下爱的种子,让尊老敬老爱老的中华美德在孩子身上一代代传承下去。

二、幼儿"百草园"主题实施路径

幼儿园课程必须以尊重儿童天性为前提。课程应当选择符合儿童天性的内容并以适当方式传递给儿童,在儿童生活世界与教育活动的场域中,应当改变的不是儿童的天性,而是课程自身。

幼儿园课程还应当不断改变和调适自身,以使自身适合儿童的天性之表达和成长的需要。幼儿园课程应关注儿童体验生命,关注幼儿园生活本身的意义。幼儿园课程最终的目的就是使每个儿童的生命得到张扬,儿童能幸福快乐地生活,用积极向上的心态去面对生活。

在幼儿"百草园"主题实施生成过程中我们已有的一般路径:聚焦问题——可行性分析——主题方案设计——环境创设——主题方案实施——主题方案评价。

(一)聚焦问题

一般来说问题的来源主要有以下两个途径。第一是所在幼儿园或班级的实际问题,这里主要包括孩子的兴趣、发展需要、存在问题和教师兴趣、能力及环境课程资源等,孩子周围的自然、社会生活和当地文化。教师可结合幼儿园实际情况,及幼儿实际需要,选取富有意义的,又是本班孩子感兴趣并有能力解决的问题。第二是已有的、适合本班孩子的内容。这样,整个探索活动就会充满动态开放的特点。

但是,值得我们注意的是,无论是哪个课程内容,都必须建立在本班孩子兴趣和特点和发展需要上,不能远离他们现有的知识经验内容,不要选择他们不感兴趣的内容。

　　当然这个过程就是一个充满创造的智慧的过程。在这里我们需要教师具备以下两种能力。

　　第一，教师具有观察、倾听、分析孩子行为的能力。教师不仅要牢固树立"幼儿是自己生长过程中长大的、积极主动的、有能力的主角"的观念，教师倾听（包括观察）行为无疑能向孩子传达对他们的关注、重视、尊重和欣赏。

　　第二，教师具有引导、支持孩子探究的能力。教师应努力追随和参与儿童正在进行的积极主动的学习活动，分享他们的激动和好奇，与他们共同体验喜怒哀乐。这不仅是出于密切师生关系的需要，更是一种对儿童、儿童的活动的严肃认真的态度。而教师的这些行为会向儿童传递一些信息：老师关心的是什么；老师认为有趣的、值得做的、值得花费时间和精力的事情是什么；老师赞同和欣赏的行为是什么，努力帮助儿童发现、明确自己的问题和疑问。

　　（二）可行性分析

　　在聚焦问题后，教师应及时对问题进行可行性分析。

　　这里主要包括：第一是本班孩子的已有经验和现有认知能力，对问题难度的挑战程度、适宜范围进行可行性分析；第二是教师本人对这项问题的兴趣、经验和解决问题的能力，包括教师之间的合作性等方面的可行性分析；第三是相关资源（自然资源、操作材料、家长社区的资源）能否满足主题开展的需要的可行性分析；第四，对于我们幼儿"百草园"课程还要关注季节、节日时间等因素对主题开展的可行性分析。比如在第一学期开展桃园乐主题活动，对于季节来说是非常不适合的。

　　（三）主题设计

　　这里主要的任务是在前面可行性分析的基础上，提出主题目标，再进行主题框架和脉络的设计。

　　如我们幼儿"百草园"课程设计内容要求借用得天独厚的自然资源优势，从中汲取可用、有用、值得用的资源，优化教育资源、建构课程内容，可以设计远足参观、现场教学、体验游戏、亲子游戏等形式，为孩子提供走近社会、亲近自然、感受快乐的机会，从而形成系列专属于幼儿的"百草园"课程实践体验活动。

　　主题设计内容包括名称、网络图、方案内容与安排、活动方案（活动背景、活动形式、活动时间、活动对象、活动地点、活动目标、前期准备、活动内容、活动评价表）。

　　主题网络的编制可以明确活动探讨的范围。主题网络的发生，可以由教师和幼儿通过"小问号"共同完成,一般先由教师收集幼儿在主题网络提出的问题,并在实施中根据幼儿经验、认知进行调整和补充,因为并非主题网络的每个要素都适合幼儿做进一步探索,所以应让幼儿对主题充分发表自己的看法,并通过谈话、绘画等途径,让幼儿表达自己已有的经验和提出自己想了解的问题,教师根据幼儿的反馈情况补充、修改自己的网络。

活动背景或活动分析是指对活动内容和教育价值做简要分析,并结合本班幼儿的身心特点和认知水平,说明此方案设计的意图。

活动目标包括认知目标、能力目标、情感目标。需要符合教材内涵,突出学科特点。具体、可操作性、重点、难点定位准确。

在活动设计的时候需要注意的是:第一要为主题的开展留有余地,因为随着主题的开展,还会出现一些新的热点和问题,需要教师有针对性地进行价值评估和判断再生成一些新的子主题或内容,替换一些孩子实际不感兴趣或不适合的内容。虽然我们预设了方案,但是实践开展我们还是需要追随孩子,一切有待于接下来实际开展过程中孩子的自主探索,儿童与教师甚至是家长的共同参与来建构和丰富主题内容。第二还是要注意内容之间的整体性、平衡性和安排的顺序性。

（四）环创表达

一般在主题开展之前,教师应为活动进行有准备的环境创设,注重不断挖掘环境所蕴含的教育作用,创设开放的、动态的、富有生机的环境,通过特色环境的引领,日常特色系列活动的浸润,让幼儿在与环境的互动中持续快乐地成长。

这一环节十分重要,它能保证主题的顺利进行,目标的达成意义重大。这一环节要求教师可以通过前期环境的创设引发孩子对主题的兴趣,同时教师也需要提供必要的材料、教玩具等,和孩子一起创设富有挑战性、情境性的环境,调动孩子的积极参与和探索的兴趣。当然在这过程中我们要做好以下的相关工作。

第一,要做到有心。教师始终有心有情,环境中孩子参与第一不可缺失,要把环境的创设和参与权交给孩子,就需要老师和孩子共同完成。老师在布置环境的时候,我们就考虑到了三个问题,第一哪些是孩子能够参与做的?第二个方面,哪些是家长能够合作的? 第三哪些是需要老师完成的,这样体现了孩子与老师真正实现"我的环境,我做主"的理念。

第二,要做到有意。要在环境中做到一个有意的人,而环境是潜在的课程。主题环境要让孩子们的学习能看得见，就像主题墙调查表等。儿童在学习和发展的过程，也折射了老师的教育理念和课程意识等，主题环境的创设能够让孩子们身临其境，促进孩子们多元化的感知和整体发展。主题课程的体现就是体现教师教的痕迹，孩子们学的痕迹。主题墙呼应主题课程的内容元素，在班级的活动区，玩具柜的设置布局也要根据近阶段的学习需要随时调整补充材料，体现课程的意蕴。这样的环境中就蕴含着各种各样的教育元素，这也就需要我们的老师有一双能够发现的眼睛和智慧的能力。

第三，要做到有趣。老师要有一颗童心，要能够把环境创设得有趣，也就是注重环境中的探索互动。比如营造适合儿童发展的环境，让我们老师能敏锐地去捕捉孩子们的兴趣点和近期的发展，去提供必要的材料支持，来促进孩子们自主地探索以及与环境充分互动。

我们要让环境会说话，体现园所的文化，让孩子在多姿多彩、灵动的"百草园"环境中去涵养、重新演绎童真，实现"百草园"特色环境新亮点。

（五）主题实施

第一，注重活动的形式是多元性的。针对幼儿发展的特点，学习形式灵活多样：问题讨论、参观调查、动手操作、观察记录、经验分享、成果展示等等。活动中，师生之间、生生之间也建立起一种多元的关系：教师既是活动的支持者、引导者、观察者，也是活动的合作者、研究者、学习者、欣赏者等等；幼儿既是学习者、参与者、评价者，通过参与操作和活动学习，掌握知识或经验，并对他们自己的学习、探索活动进行评价；又是互动者，能与周围的同伴、成人、材料及其他环境不断地接触、交往。如在开展"稻米飘香"主题活动时，幼儿表现出不同的智能优势，有的用绘画形式，展现视觉空间智能；有的用语言表达自己的疑问，展现他们的语言智能；还有用表演形式，展现音乐智能，同时有的用视频和课件来表达自己收集的相关信息。

第二，实施过程要给幼儿留下探索的空间。探索是一种多方寻求答案，解决疑问的过程。要进行探索，首先需要有问题、有疑问，从而引发一系列的思考，进而想方设法利用各种途径、手段完成探索。如"红薯的秘密"主题活动中，孩子对红薯到底长在哪里有不同的观点，于是老师带领孩子种植、阶段观察，但最后的亲自挖红薯，让孩子全过程的参与，使孩子在不断探索实践中了解了红薯。所以只有给幼儿一个相当广阔的空间，让每个幼儿都能在其中找到自己的原有图式,以此为起点,才能进行建构。这样做既激发了幼儿学习、探索的积极性,又促进了他们自信心的提高,同时还满足了幼儿的发展需要。

第三,注重主题开展的合作性,在合作中获得发展。维果斯基说过:"今日孩子若能与他人合作,明日他便能独立行事。"合作不仅仅意味着一种基本素质,更是学习的主要形式和途径。在幼儿"百草园"主题活动中,有的要求选择自己喜欢的玩伴,三五个幼儿一起开展合作性游戏,规则意识逐步形成,但不可避免地也会发生矛盾与争执。如在"稻米飘香"主题开展过程中,老师根据孩子的讨论梳理出孩子感兴趣的热点问题,分小组进行项目探究。包括大米的由来探究组、水稻生长过程探究组、超市辨米探究组、香香米制品探究组,每个小组合作探究完成相关任务,并进行班级分享。

第四,教师整体参与性。在幼儿"百草园"主题活动中,教师要全程参与整个活动过程,注意观察,及时捕捉,并进行价值分析,确定新的话题,对于不适合活动及时取舍修改或调整,整个过程中注重启发、引导,支持孩子的探索,同时也可以邀请家长协作参与,共同建构相关经验。

（六）主题评价

我们对于幼儿"百草园"课程的评价要求教师从以下几个方面着手:活动起因、活动实施过程、活动存在的问题、活动改进的措施。所以我们在整个反思评价中要注意以下几点:

第一,全面回顾整个活动过程,及时整理并记录主题开展的轨迹;

第二,对本班已有的情感态度、社会性和认知发展是否进行了有意义的建构,对环境创设、家长的参与和合作方面进行了全面的评价;

第三,反思整个活动存在的问题,今后调整的对策和相关的建议和措施,为下轮主题实施提供合理化的建议和方向。

第三节　开展课程的多元评价

在主题活动中,幼儿的发展需要评价。只有评价的参与、调节和指导,才有助于保证教育目标的实现。教育评价由单一化转向多元化,使幼儿向更加广阔的空间发展,而且能够最大限度激发幼儿的发展潜能。

一、幼儿"百草园"课程评价内容和方式

幼儿"百草园"课程评价是指我园以一定标准和依据审视园本课程——幼儿"百草园"课程,对课程方案、课程内容、课程实施过程和课程实施效果进行评价,以达到不断完善课程方案与内容,提高课程实施效果的目的。从本质上来说,幼儿"百草园"课程评价是一种"主体指向性评价",即根据不同的评价主体开展指向不同课程要素的评价,让课程构建与实施的每一个环节都能得到适切的评价。

我们的评价主要分为三种。一是幼儿"百草园"课程方案评价。一方面看课程是否依据了科学的原理、原则,是否以正确的课程理论为指导,另一方面了解课程结构是否合理。二是幼儿"百草园"课程实施过程评价。了解幼儿在课程活动中的反应,评价孩子主要包括幼儿在课程中的表现,教师活动后的反思等;了解教师的态度和行为,评价教师以教师的自我评价为主,并结合他人评价,活动案例分析等展开。三是幼儿"百草园"课程效果评价。了解幼儿学习之后的发展状况,了解其发展状况与课程目标的符合程度,了解产生了哪些非预期的结果,了解教师发生了哪些变化,有怎样的提高等。我们希望通过这样的评价体系反映幼儿能力提升和成长的阶梯,提高课程实施效益。如下图:

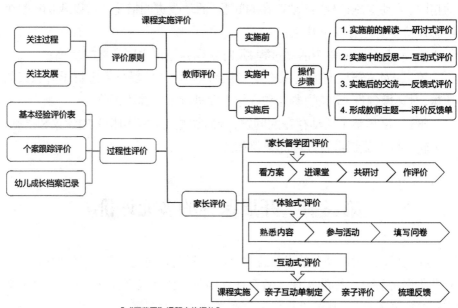

【"百草园"课程实施评价】

（一）幼儿"百草园"课程评价原则

《纲要》第四部分"关于幼儿园教育的评价"中明确了评价的功能是"了解教育的适宜性、有效性，调整和改进工作，促进每一个幼儿发展，提高教育质量的必要手段"。同时指出："评价的过程，是教师运用专业知识审视教育实践，发现、分析、研究、解决问题的过程，也是其自我成长的重要途径。"

在幼儿"百草园"课程实践研究中，我们本着"注重个别差异，尊重生命的独特性，让每个孩子在评价的过程中体验到成功的乐趣！让每位教师体验到付出的成功！"的理念进行了课程评价方式的改革，在评价中我们努力遵循扁平化，无边界原则：

第一，幼儿"百草园"课程评价关注过程，即鼓励教师对课程实践的反思批判和发挥创造，鼓励孩子探索知识领域，进行自主而有能力的活动。

第二，幼儿"百草园"课程评价关注发展，即让孩子在现有的基础上谋求实实在在的全面素养的提升与发展，同时帮助教师反思日常教育理念与教学行为，从而促进教师专业发展，实现课程研究目标的最终达成。

（二）幼儿"百草园"过程评价方式

关于课程评价的研究，可谓"任重而道远"。在课程管理中，课程评价是幼儿"百草园"课程实施中一项难度最大的工作，但是只有通过课程评价才能不断规范课程实施、完善课程方案、形成园本特色，所以课程评价又是课程管理中必须直面、研究、开发的艰巨的重点工作。

我们在确立课程评价原则的基础上，主要对幼儿"百草园"课程的方案、课程实施、幼儿发展情况三方面进行评价，同时根据评价的不同内容采用不同的评价方式。

1. 过程性评价

我们的过程性评价是以家园合作的方式，通过亲子谈话的方式了解孩子对主题的了解程度；通过亲子互动，初步评价孩子在主题教学中对活动内容的掌握；以个案跟踪的方式，记录孩子在课程活动中的表现，形成跟踪式评价。

（1）主题活动评价方式

主题活动的评价我们参照共同性课程评价，从共同生活、探索世界、表现表达三方面着手,从教师评价和家长评价着手,以打钩符号进行评价;随后对孩子在主题中的表现进行整体的评价。

我们根据《上海市幼儿园办园质量评价指南》,围绕我们幼儿"百草园"主题,课题组成员共同承担设计编制了不同主题幼儿表现行为的评价表。以下面的案例为例:

○ 案例四:

"萝卜嗨翻天"的过程性评价

"萝卜嗨翻天"基本经验评价表

班级:　　　　　幼儿姓名:　　　　　　　　　评价时间:

经验领域	表现行为	表现行为描述			教师评价	家长评价
		表现行为1	表现行为3	表现行为5		
共同生活	1. 愿意与人交往,能与同伴友好相处。	愿意和同伴共同参与探究萝卜的活动。	愿意将了解到的关于萝卜的秘密和同伴、家长进行交谈。	有问题能询问别人,愿意和大家分享交流有趣的萝卜故事,敢于表达表现自己对于萝卜的不同认识,并坚持自己的观点。		
	2. 喜欢并适应群体生活。	喜欢参加群体活动,乐意参与体验萝卜成长的活动。	能主动和同伴、家长一起参与与萝卜有关的活动。	在探究萝卜成长的过程中能与同伴分工、合作、协商,一起解决问题。		
探索世界	1. 喜欢探究。	愿意讨论与萝卜有关的话题,好奇、好问。	经常乐于动手、动脑探索关于萝卜的秘密。	能主动探究关于萝卜的不同秘密,知道萝卜有不同的品种等。		

经验领域 \ 表现行为		表现行为描述			教师评价	家长评价
		表现行为1	表现行为3	表现行为5		
探索世界	2. 用一定的方法探究周围感兴趣的事物与现象。	能用观察、品尝、动手等方式探索，并对自己的结果感兴趣。	能通过自己简单的调查，收集自己需要的关于萝卜的信息。并能用简单的图画方式记录萝卜生长的过程和结果。	能在观察、比较与分析的基础上，了解萝卜的不同种类和主要特征。能在帮助下收集和记录不同品种的萝卜。		
	3. 在探究中认识事物与现象。	简单了解萝卜的成长过程，能发现和了解萝卜的不同特征及多样性。	能感知和发现萝卜生长变化的过程及所需的基本条件。	能发现和了解萝卜的外形特征、品种。初步了解自然环境与人类生活之间的关系，有保护环境的意识。		
表达表现	1. 愿意用语言进行交流并能清楚地表达。	愿意用语言表达自己对萝卜的不同认识。	愿意把自己收集的关于萝卜的各种信息资料与同伴交流分享。	乐于参与讨论萝卜的话题，能在众人面前表达自己的想法，并用连贯、清晰的语言讲述自己的发现。		
	2. 具有初步的艺术表现与创造能力。	乐意愉快地参与活动，能运用声音、动作等方式模拟农民采拔萝卜的情境。	能运用绘画、捏泥、折纸等方式表现不同的萝卜。	能利用萝卜的特性，创作关于萝卜的美工作品，例如拓印、雕刻等。		
老师对孩子的总体评价：						
家长对孩子的总体评价：						

同时每个主题结束后,随机抽取5位家长进行了数据的汇总分析:

主题基本经验评价样表

班级	名称		教师评价		家长评价	
			表现行为记录	表现行为	表现行为记录	表现行为
大班	萝卜嗨翻天	共同生活	5 5 5 4.2 4.2	有问题能询问别人,愿意和大家分享交流有趣的萝卜故事,敢于表达表现自己对于萝卜的不同认识和观点,有的能坚持自己的观点。	4.6 4.2 5 5 5	有问题能询问家长,愿意和家人分享交流有趣的萝卜故事,敢于表达表现自己对于萝卜的不同认识,通过实践对于萝卜的经验比较丰富。
			4.2 4.4 4.4 4 4	能主动和大家一起参与萝卜的探究活动,有简单的分工协助行为,一起解决问题还需努力。	4.2 4.4 4.4 4 4	能主动和家长一起参与和萝卜有关的活动,尝试自己参与一些制作活动,碰到困难会寻求帮助。
		探索世界	5 4.6 4.2 5 5	能主动探究关于萝卜的不同秘密,知道萝卜有不同的品种等。	5 4.6 4.2 5 5	能主动探究关于萝卜的不同秘密,知道萝卜有不同的品种等。
			5 4.6 5 5 4.2	能在观察、比较与分析的基础上,了解萝卜的不同种类和主要特征。能在家长帮助下收集和记录不同品种的萝卜。	4.6 4.2 4.2 5 5	能通过自己简单的调查,收集自己需要的关于萝卜的信息。并能用简单的图画方式记录生长的过程和结果。
			4.2 4.4 4.4 4 4	能感知和发现萝卜生长变化的过程及所需的基本条件,有初步的环保意识。	4.6 4.2 5 5 5	能发现和了解萝卜的外形特征、品种。能知道自然环境与人类生活之间的关系,有保护环境的意识。

续 表

班级	名称	教师评价		家长评价	
		表现行为记录	表现行为	表现行为记录	表现行为
大班	萝卜嗨翻天	表达表现	4 4.6 4.2 4.2 5	愿意把自己收集的关于萝卜的各种信息资料与同伴交流分享,能在集体面前讲述自己的发现,比较清楚连贯。	5 4.6 4.4 5 5	能和家长参与讨论萝卜的话题,能在家人面前表达自己的想法,能用连贯、清晰的语言讲述自己的发现。
			4.2 4.4 4.4 4 4	能运用绘画、捏泥、折纸等方式表现不同的萝卜。愿意利用萝卜的特性,创作关于萝卜的美工作品。	4.2 4.4 4.4 4 4	能运用绘画、捏泥、折纸等方式表现不同的萝卜。愿意利用萝卜的特性,创作关于萝卜的美工作品。

家长对孩子"萝卜嗨翻天"主题开展情况是否满意?原因?
答:满意。
1. 通过种植物和观察生长过程,知道种蔬菜的辛苦,能够不浪费粮食。幼儿德智体美得到提升。
2. 孩子非常喜欢探究,每天在回家的路上都要去看一看,很好地锻炼了小朋友的观察能力以及探索精神。

本次共计抽取了17个主题经验评价的汇总分析。从17个"百草园"主题对幼儿基本经验评价看,老师对幼儿和家长对幼儿的评价基本相差不多,相对来说家长略高一些。同时从共同生活、探索世界、表现表达三块内容幼儿表现行为看,小班略高于行为水平1、中班在行为水平3~4之间,大班则在4~5之间。相对来说幼儿"百草园"课程的实施也是能较好地呈现幼儿的基本经验,也能更好地为后续开展作为观察了解的参照,并提供适宜的活动机会,引导幼儿向后一阶段发展,但是其中也发现,相对来说表现表达一块内容比起其他内容弱一点,这对我们后期开展活动也提供了依据,加强这方面指导和培养,提供孩子表达表现的机会。

(2) 个案跟踪的方式

个案跟踪的评价是记录孩子在课程活动中的表现,以此形成跟踪式评价。如《玉米的种植》,一位家长记载了孩子参与主题的全过程。

○ 案例五:

玉 米 的 种 植

【玉米移栽】

3月30日,孩子参与了玉米主题活动课程的玉米移栽。宝宝根据工序:分苗,搬运,栽种,培土……参与过程非常认真,小心翼翼地捧着每一棵玉米苗,慢慢地放入钻好的洞里,再温柔地、一点点地培土,每个动作都非常轻柔,生怕弄疼了玉米苗苗……大家在地里忙得热火朝天,不到一个小时,目标地就从空地到被栽满了玉米苗,孩子们小手小脚上也都沾满了泥巴,童稚可爱的小脸上却洋溢着灿烂、开心的笑容,他们是种下了快乐。我们家长看着地里栽满的小玉米苗苗,感觉是种下了希望,希望孩子和玉米苗苗,都能苗壮成长。

【玉米生长过程观测】

4月27日,玉米的生长情况良好,玉米苗最高已经有58 cm了,根茎外围9 cm。

5月11日,发现玉米宝宝已经和我们测量的中二班宝宝一般高了,妈妈帮玉米量了身高,有110~120 cm了,玉米宝宝们没有长穗,绿油油的一片很健壮!期待长出玉米,从哪里长出来,会是从头顶吗?

5月18日,玉米宝宝已经长高了,都超过了我们中二班去观测的宝宝啦,测量玉米高133 cm左右,周长13 cm左右,碧绿碧绿的一片,很健康,但是还没有长穗,预计下周能抽穗了。

5月25日,特别让当天观察的小朋友感到高兴——他是第一个知道玉米究竟是从哪里长出来的!玉米长在腰里,从叶子旁边长出来的!小朋友高兴得要把这一好消息分享给所有人!并且他发现这次玉米比上周长高了很多,已经超过小朋友身高很多啦。大家都一起期待玉米收获季节的到来。

6月8日,小朋友和奶奶一起,徒步20 000多步,来回3个多小时,很累,但是小朋友毅然坚持下来。当看到玉米长得更加高大,玉米就要成熟了,小女孩高兴得又喊又跳,她告诉奶奶过几天还要来。

【玉米丰收采摘】

6月16日,这天我们迎来了玉米收获采摘的日子,孩子早就在期待与喜悦中醒来,还是和移栽的阵容一样。到了玉米地,一下车孩子们就像放飞的小鸟一样,蹦啊,跳啊,笑啊……撒开脚丫跑在通向我们玉米基地的田埂上!小朋友都在欢呼,家长们也在感叹"太不可思议啦!""这玉米长得真好!真喜人!"……我们3月30日移栽时那么点小,现在才两个多月,就长这么高,玉米棒也是那么硕大!大自然的馈赠力量真是强大!

来到玉米地,小朋友们下地观察玉米。孩子们发现,对于玉米棒到底长在玉米植株的什么位置:根部?顶端?还是中间?得到了最好的验证解答。接下来开始玉米采摘环节,小朋友们争先恐后地钻进玉米地,像个小大人一样,不怕叶子扎手,找到自己喜欢满意的玉米棒,用力握住,再转一转,扯一扯,玉米就摘下来了。一会儿工夫,采摘满了一大袋子,大家都满载而归,最后用自己采摘的玉米,一起合作摆出了"中二班玉米丰收了"字样,合影留念。回家途中宝宝和我说:"妈妈,我太开心,太有趣了!"我也知道了玉米的生长过程,太奇妙了,玉米的根像老鹰的爪子一样深深扎入泥土,道劲有力的样子;玉米秆一节一节的像甘蔗,玉米叶子宽宽长长,两边感觉很锋利,像刀刃一样,是玉米保护自己的武器吗?玉米宝宝胖胖的,穿了一层层绿衣服,剪裁得体;还有深棕色的或者粉紫色的头发;玉米顶端是玉米花,像印第安人的头饰,很有特点哎……

作为家长虽然只是陪着孩子参与了玉米课堂的玉米移栽、观测、采摘、玉米美食制作这几个显性环节,但结合老师课堂玉米课程的实施、玉米各种活动的设计开展,我感受到了"百草园"玉米这整个课程设计的巧妙,从中可以看出STEM课程理念的缩影。

整个课程在润物细无声中推进,让孩子真正了解了玉米成长的全过程,增加了生活经验、学习了新知识及科学探究的过程与方法、走近自然,感受自然力量的神奇、体验劳动的快乐与收获的喜悦、同时还增进同伴间的交往与友谊,提升了亲子关系。

(3)建立幼儿成长档案

可以从看一看、说一说、画一画、记一记、玩一玩等做评价记录。如"超市找米"主题活动,家长与孩子在档案中记录下真实感受。

○ 案例六：

"超市找米"活动

幼1：这次和爸爸妈妈一起去超市找米，我知道了大米的颜色不同，有的是黄色的，有的是白色的，还有的是黑色的。大米的形状也是不同的，有菱形的，有椭圆形的，还有圆形的。原来大米不只是我们平时看到的白色的，还有许多不同的品种！

幼2：我去超市里看到了许多米，我看见了薏仁米，看见了黑米，看见了紫米，看见了玉米渣渣、苦荞米、小米、大米、高粱米。薏仁米长得圆圆的，中间有条线，看着有点黑，小米非常圆，非常小。黑米、紫米、红米，长得有点像，我有点分不清楚，米的品种真多。

幼3：超市里有好多米。首先找到的是大米，大米是我们平时最多看到的米，大米有点白，也有点透明，大米有圆的，还有长的。看到小米，小米有点黄，小米还很圆很可爱。这是红米，有点长，还有点棕色的感觉。这是黑米，黑米有点黑，还很细，很长。这是荞麦米，像爱心的感觉。不知道吃起来怎么样。

幼4：米的颜色有很多种，黑色、白色、红色、黄色，形状也各不一样，米可以做出各种各样的美食，超市里还有好多好吃的米制品。

老师的话：超市"辨米"是小组参与活动，利用的是家长的资源和周边的超市资源，让孩子在家长的带领下，通过寻找发现不同的米的品种。其实从物质外观上大米分为：长粒米、中粒米、短粒米、巴特那米、玫瑰米、珍珠米、红米、黑米等。从味道和口感上大米分为：黏或糯米、甜糯米。我们国内大米分类就很简单了，大米基本分籼米、粳米和糯米三类。

整个活动孩子是兴奋、喜悦的。他们从中发现了原来米真的有许多品种，颜色也不一样，可以说是五彩缤纷，大小形状也不一样，有的长长的、有的细细的、有的圆圆胖胖的，有的像爱心一样。家长在这过程中也有不同的收获，在和孩子一起寻找、探究的过程中，学到了许多，还和孩子一起进行了米粒额贴画，从中培养孩子细心、坚持的能力和习惯，孩子们观察、比较、探究，米粒的相同与不同让他们发现原来"生活中处处皆学习"，感觉和孩子一起学习互动的快乐。

2. 教师主导式的评价方式

在实践中,我们尝试采用教师主导的"实施——研讨式"评价。"实施——研讨式"评价的评价重点为微观的课程内容、要求的适切性以及活动设计的恰切性。

(1)主题实施前的评价

在主题实施前,我们主要围绕方案目标制定的适切性、内容设计与实施的适切性以及活动反馈评价的适切性三方面来进行研讨。以下面的案例为例:

○ 案例七:

"玉米的故事"主题实施前的评价记录

组长:我们"百草园"特色主题"玉米的故事"这一主题方案进行集中研讨,那接下来我们分成三组,由三位骨干教师牵头我们一起进行梳理,结束后每组请一位老师进行分享交流。

第一组:沈佳、徐诗怡、王依婕、徐紫音

第二组:浦倩、陈怡雯、吴慧、徐秀红

第三组:谈军妹、周佳安、沈昕雨、张培

第三组周佳安:我们今天主要分析的是方案的活动反馈以及评价的适切性。首先我们来说一说家园互动单方面的一个撰写。在第2条里面,教师撰写的是玉米有哪些作用,对于中班的孩子来说是有点难度的,我们建议替换成与集体教学活动有关的内容,例如你听过哪些与玉米有关的故事或者歌曲。

然后第1条:知道玉米吗? 相对来说显得过于宽泛了,可以变为:爱吃玉米吗? 在问题5中教师的指向性可以更加明确一些,比如说你吃的都是什么样的玉米呢? 那大家就会想到我吃的可能是黄玉米、白玉米等等。在问题6里面进行创意表现的话,我们建议可以再增加一些玉米类的材料,比如说可以加上玉米穗、玉米须等等。

在玉米的基本经验评价表中,共同生活中的子领域2里面喜欢并适应群体生活方面,我们觉得表现行为1应该更具象化,可以与之前教师设计的集体活动联系起来。探索世界的子领域3里面的表现行为1相对来说难度有点大,可以调整为"能发现和了解玉米的显著特征"就可以了,"了解玉米的不同特征及多样性"挑战较大。

在表达表现方面子领域里面的表现行为1建议把"不同"去掉。表达表现子领域2里面教师提及了音乐,但是在集体教学活动中没有音乐活动,建议调整。

纵观整个活动的方案,我们建议参考共同性主题活动,在主题方案设计中加入初步环境创设的思考。

第一组王依婕: 我们这一组讨论的是目标制定的一个适切性,那我们觉得首先从大的一个目标来看,它是符合幼儿的年龄特点以及生活经验的。其次,目标的制定具体明确有较强的针对性。第三的话,我们觉得在目标里面"有播种就有希望,就能收获"是一句比较空的话,建议删除。

张萍: 听了老师对目标制订的分析,有点疑问,活动目标的提出,主要针对的是什么?涵盖了集体活动的单一目标,还是孩子的终身发展目标?活动后依据目标检测的可行性有多少?这是大家需要思考的。执教教师怎么样去检测自己的活动是否有效?对其他的教师,拿到这样一个活动方案,能否依据制订的目标来判断活动达成度?目标具有导向性作用,合理提出可提升性目标,对孩子、老师和评课对象发展评价都是重要价值依据。

第二组陈怡雯: 我们这一组讨论的是方案内容设计与实施的可行性以及适切性,那我们觉得从整个集体教学活动的设计中,活动2与活动3的内容其实是有重复的,然后活动6中的活动与前面也有一个重复,大家都是围绕着玉米的生长过程来进行讨论的。建议可以有所调整,我们的建议是可以调整为利用玉米的横切面来进行环形数的一个数学活动,其次我们觉得小猴摘玉米这个集体活动与玉米的实际关联相对比较少,建议教师做调整。

最后从整个时间的安排上来看,我们的建议是可以先开展前期的一个移栽种植,继而开展一个采摘收获,随后将所有的集体教学活动放在采摘收获之后,那么孩子的经验也有了一定的积累,活动的效果可能会更好。

谈军妹(保教主任): 我们在实施的过程中是这样一个安排,其实可以删除其中的序号,以菜单的方式让教师有选择地根据实际情况来开展我们的活动。

评价结束后,我们将调整和补充的内容填写在中班玉米主题中"调整补充"栏目,同时反馈给园课程领导小组。下阶段我们将通过观摩、研讨的方式来检测方案的可行性。

(2)实施过程中的反思、互评式评价

为了提高教师的课程执行力,大班教研组又组织了课程实施过程中的反思、互评式评价,评价教师实施课程的质量。以下面的案例为例:

○ 案例八:

对"桃花园记"活动的"一课三研"式的评价记录

教研组确定的方式是以"一课三研"的形式评价教师实施课程的行为,五个班级的教师共同设计了活动方案,设计好后由大二班冯老师实施"一课三研"。年级组的几位教师相互观摩课程的实施过程,并进行反思、互评。

A教师:我的设计中,第一环节先是让孩子们前期进行经验的交流,谈谈前期与家长们共同观看的桃花,你在桃林里有什么发现?观察到了什么?幼儿都能说出来自己和爸爸或者妈妈一起去观看桃花的基本经验。但在第二环节对桃花外形特征孩子们说得不是很清楚,一直在绕来绕去,可能我自身对环节的重点提问以及与幼儿的互动还需要提高。最后的操作中,幼儿对毛笔的使用不是很熟练,最后的分享环节也是泛泛而谈,活动没有达到预期的效果。可能我对于我们班幼儿原有的发展水平还没有一个正确的估量。

B教师:关于毛笔的使用,可能孩子的前期经验不够充分,所以在操作的时候孩子们的绘画作品没有能够达到预期的效果。

C教师:我倒觉得这种技术性的东西可以放在平时的个别化学习中进行经验的丰富。其他最主要是第一个环节和第二个环节中教师要清楚地知道需要重点解决的问题,否则都是在泛泛而谈没有重点。

D教师:是的,教师可以在第一环节的重点就是回忆自己和爸爸妈妈在哪里参观桃花的事情,第二环节重点解决桃花的外形特征——有花蕾、花苞、花开放、花瓣飘落等不同形态,这里可以重点描述讲解。通过图片的欣赏让孩子们了解这些不同的形态。

组织幼儿的活动一定要关注幼儿的前期经验以及活动的关键问题。在活动过程中，通过相互观摩、反思与互评，教师们对自己实施课程的质量有了客观的评价，明确了自己在实施课程过程中的优势和不足。当然，还需要不断揣摩，多反思、多实践，才能提高与幼儿互动的有效性。

（3）实施后的交流、反馈式评价

① 操作步骤

教师主导的"实施——研讨式"评价的操作步骤如下：

实施前的解读、研讨式评价——实施中的反思、互动式评价——实施后的交流、反馈式评价——形成教师课程评价反馈单。

实施前的解读、研讨式评价：解读园本特色课程的目标、内容和实施方式等，运用园本课程评价标准体系衡量目标与内容等的适切性。

实施中的反思、互评式评价：教师在实施课程过程中从课程实施者的角度，以评价指标为依据反思、评价自己的课程实施质量，或对同伴的课程实施方式做出评价。

实施后的交流、反馈式评价：园本特色课程或学期、学年度课程实施结束后，基于这周的"亲子互动单"、观察评价表和与家长的沟通交流等所获得的信息，在教研组内交流课程实施的结果，评价课程实施是否达到预期的目标和效果。

形成"教师课程评价反馈单"：将教师对课程实施的不同环节做出的评价信息记录于"反馈单"中，反馈给幼儿园课程领导小组，推动园本课程的不断完善和发展。

② 操作要素

评价主体：教师，作为课程实施者，教师对课程的内容和实施方式等更具发言权，从课程实施者的角度开展较为微观的课程评价也更真实、更易操作。

评价对象：园本课程的目标、内容、实施过程和实施效果。

评价时间：课程实施前、实施中和实施后（以一周特色课程的实施为跨度单位）。

记录方式：在一周结束后以《教师课程评价反馈单》的方式记录对园本课程各个部分的评价结果，并通过制定"调整与改进措施"完善、发展课程，提高课程实施的质量和效果。

○ 案例九：

"国宝大熊猫"主题实施效果的评价记录

"国宝大熊猫"主题实施结束,在分析、解读主题课程前,大班教研组先根据幼儿发展的评估单和亲子互动单的评价结果以及日常工作中与家长的沟通和交流,评价大一班"国宝大熊猫"主题实施的效果。

A教师:好几位家长都说孩子在家里很喜欢说有关大熊猫的事情,并知道了保护稀有动物的重要性,孩子也变得更加有爱心了,家长也挺开心的。

B教师:是的,家长的反映不错。另外,从我们班级的家长评估单的评价结果来看,对孩子学习情况满意的家长占到98%以上,说明绝大多数家长对于课程实施的总体情况还是满意的。

C教师:是的,从孩子的反应看,表现得也很出色,在活动中孩子能积极大胆地交流自己的探索和发现,也能提出相关的问题,教师也能对于孩子的经验用思维导图的方式给予梳理和总结,同时从孩子的表现表达看也是很棒的,班级的绘画作品呈现多姿多彩,班级孩子的语言表达清晰流畅,还很喜欢歌曲《熊猫咪咪》,也能讲述关于熊猫咪咪的故事及竹子开花与大熊猫的关系等等,后续还和老师、家长一起寻找大熊猫元素的文化。

3. 家长参与课程的评价

《纲要》中明确指出:"幼儿园应与家庭、社区密切配合,综合利用各种教育资源,共同为幼儿的发展创造良好的条件。"在对幼儿的教育过程中,家长既是教师的合作伙伴,同时又是幼儿园课程组织、实施及评价的重要参与者。

家长参与幼儿园课程实施观摩与评价,是对整个幼儿园课程的运作、教师的成长以及幼儿的发展的客观评价,可以增加幼儿园与家庭之间对话的机会,促进家长对幼儿园的理解。通过参与课程评价,为我园"百草园"课程实施提出更有益和宝贵的意见和建议,从而将幼儿园课程实施真正落到实处,为促进我园课程建设及良好的可持续发展提供了有力的支持保障。为此我们梳理了以下家长参与幼儿"百草园"课程评价的类型。

(1)家长(管理组)对幼儿"百草园"主题评价

① 操作方式

"家长督学团"式评价的操作方式：看方案——进课堂——共研讨——做评价。

看方案：了解课程方案，对方案进行初步的评价。

进课堂："家长督学团"成员根据评价的需要走进幼儿园，走进课堂，感受、评价课程实施的过程，这是"家长督学式"评价最重要的环节。

共研讨：开展家园互动研讨活动，就"看方案"和"进课堂"等的结果进行研讨。

做评价：每位"督学团"成员都填写"评价反馈表"，对照园本课程的评价指标体系评价课程的方案与实施。

② 操作要素

评价主体："家长督学团"成员，由幼儿园家长委员会牵头成立，成员需满足"热爱教育事业""有一定的文化素养""对幼儿教育的正确理念有一定了解"和"业余时间丰富，能够参加幼儿园的督导和评价活动"等条件；"家长督学式"评价，重"督"，即家长是置身于课程构建与实施之外，从旁观者的角度审视课程的构建与实施的成效。

评价对象：幼儿"百草园"课程构建与实施的各个环节，重在幼儿课程实施过程的评价。

评价时间：日常督导，阶段评价——对课程实施开展过程性"督导"，无确定时间，"督学团"可自行确定时间走进课堂，并根据情况需要开展阶段性的研讨和评价。

记录方式："督学团"成员以自己的方式进行记录，并在阶段性的研讨评价中运用"家长督学团成员评价反馈表"向幼儿园课程领导小组反馈评价结果。

○ 案例十：

以家园联动教研的形式开展幼儿"百草园""小瓢虫探究记"的评价

参与人员："家长督学团"成员、幼儿园课程领导小组成员、中班教师。

活动背景：幼儿园预先向"家长督学团"提供了"小瓢虫探究记"的文本

方案,"家长督学团"有部分已经参与到"小瓢虫探究记"课程实施。

活动目的:评价宣幼"百草园"主题课程"小瓢虫探究记"课程的方案、实施方式和实施效果。

【活动过程】

1. 教师介绍小瓢虫探究课程的开展与实施。

2. 园长以课程领导小组组长的身份"致开场白",引导督学团成员评价"小瓢虫探究记"课程实施。

本次活动我们由班主任老师进行"小瓢虫探究记"集体教学活动(菜园里的小瓢虫现场集体活动展示);随后介绍"小瓢虫探究记"课程的生成与发展;然后在教研组长的组织下开展家园联动沙龙研讨活动,对于中四班"小瓢虫探究记"活动从以下三个方面做评价。

(1)"小瓢虫探究记"整体活动方案的制订。

(2)教师开展"小瓢虫探究记"所采用的途径和方法。

(3)"小瓢虫探究记"整体活动实施开展的效果。

下面抽取一些教师和家长的现场反馈,并请"家长督学团"成员完成"评价反馈表"情况统计表。

小瓢虫探究记课程"家长督学团"成员评价反馈表

评价对象	评 价	好√	较好√	需努力√	调整或改进措施
主题方案	目标定位清晰	12			
主题内容	内容设置较合理,能够满足幼儿的发展需求;课程内容也注重了家园互动参与。	12			
主题实施	能关注全体孩子的参与,但是从孩子呈现的作品可以看出,有部分家长参与比较少,老师能积极营造学习环境,促进孩子积极参与。	9	3		对于没有积极主动参与的家长,建议利用多种方式进行沟通,同时也可以分享孩子在园的探究学习情况。

评价对象	评　　价	好√	较好√	需努力√	调整或改进措施
实施效果	孩子能主动观察、探究瓢虫,也学会了记录和分享。	10	2		

这次现场家长管理组参与"小瓢虫探究记"评价活动发放反馈表12份。收到反馈表12份。其中反馈如下:

主题方案:目标定位清晰,100%管理组成员认同,方案可行性强有价值。

主题内容:管理组成员一致认为,内容设置较合理,能够满足幼儿的发展需求;我们看到了从这个方案内容的架构,方案呈现的框架,孩子的回应,审美情趣的表达等方面,整个"小瓢虫探究记"的方案都有推动作用,所以我们从方案内容上是很适切的,适合我们的孩子,它就是给孩子们补上缺失的那一部分,另外是整合性和均衡性,不光我们都是课堂内的,其实刚刚从张老师分享环节也看到,小瓢虫的寻找是家长和孩子亲历的,我们需要这些,另外从方案的架构上我们认为是符合幼儿身心发展规律的,另外从它的均衡性和层次性上,也有递进性,它从园本立足于园内的一个课程,向园外延伸,立足于认知性的发展规律,向亲身体验的规律方面发展。

主题实施情况:能关注全体孩子的参与,但是有部分家长参与比较少,从孩子呈现的作品可以看出老师能积极营造学习环境,促进孩子积极参与。其中75%家长认为已经很好。25%家长认为较好。建议对于没有积极主动参与的家长,利用多种方式进行沟通,同时也可以分享孩子在园的探究学习情况。

主题实施效果:84%家长觉得主题实施效果满意,16%家长认为效果较好。总体来说孩子能全方位地参与实施,在主题中学会了观察,学会了记录,学会了分享,以及优质品质的培养:活动坚持性、敬畏爱护生命。同时也为孩子打开了一扇走向大自然的大门,在自然中学习,在自然中探究。

(2)家长参与幼儿园课程"家长体验式"评价

"家长体验式"评价是指家长参与幼儿园的各类课程实施活动,如,美食活动、环保时装秀活动和亲子运动会等活动,以参与者和体验者的身份评价课程的内容和实施形式及效果,重在家长的参与和体验,这是与"家长督学式"评价的不同之处。

① 操作方式

"家长体验式"评价的操作流程如下:确定评价内容——家长参与活动——完成调查问卷。

确定评价内容:幼儿园确定需要家长参与评价的课程内容,如案例中所述的"家庭百草园展示秀"活动即为宣桥幼儿园特色活动课程的一部分;

家长参与活动:家长与幼儿共同参与课程的实施过程,亲身感受、体验课程的内容与实施过程;

调查问卷:家长通过完成调查问卷的方式开展课程评价,从感受者和体验者的角度开展课程评价,能够提高评价的信度。

② 操作要素

评价主体:幼儿的家长;

评价对象:园本课程的内容选择、实施过程和实施效果;

评价时间:每学期末,幼儿园根据家长的需求,开展组织"家庭百草园展示秀"活动;

记录方式:在调查表中以符号的形式记录、评价课程的内容、实施过程和实施效果,同时,可描述性地记录自己在参加活动时的体验和感受。

○ 案例十一:

案例:"家庭百草园展示秀"分享活动

2021年6月,幼儿园开展了"家庭百草园展示秀"活动,活动主要就是学期初家长指导幼儿在家庭中种植一些植物,饲养小动物,营造出一个属于自己的绿色空间。其间观察做好文字、照片、视频记录。让孩子用自己的方式记录过程。

6月初,参赛家庭以班级为单位上交报名表和参赛作品PPT,先在班级内进行评比,并每班推选出一组家庭,进行现场课件、视频或图片介绍。我们现场随机抽取了14位家长参与本次调查。调查情况结果如下:

序号	内　容	A	B	C	备注
1	您认为幼儿园有无必要开展"家庭百草园展示秀"活动?	14			100%
2	您认为幼儿园"家庭百草园展示秀"活动目标设置是否恰当?	14			100%
3	您认为"家庭百草园展示秀"活动能否促进孩子的发展?	14			100%
4	您认为"家庭百草园展示秀"活动的开展,对孩子来说得到了什么收获?	1. 孩子探索了植物的生长过程,并能积极辅助行动,还能锻炼孩子的语言表达能力。同时对种植有了更直接的认识,对植物有了更深入的了解。 2. 让孩子有成就感,有毅力地做一件事。给了孩子一个精彩的舞台,有了难忘的体验和感受。 3. 孩子在这个活动中锻炼了动手能力,培养了耐心、爱心和照顾植物的责任心。 4. 学会观察记录的方法,自己亲身体验种植的乐趣,获得收获的喜悦,更加专心于做事。提高幼儿的观察能力。			
5	您认为"家庭百草园展示秀"组织形式是否合理?	14			100%
6	您的孩子是否喜欢"家庭百草园展示秀"活动?	14			100%
7	您对于"家庭百草园展示秀"活动的组织与实施还有哪些建议?	1. 可以在幼儿园增加集体种植体验。 2. 希望班级和幼儿园能多举办这种活动,或者让小朋友把自己种植的植物带到幼儿园,让孩子间相互交流。 3. 每半年可以举办一次,实践活动可以在动物园、植物园举行。 4. 建议可否幼儿园直接安排种植培育相同植物,到时看看每个孩子参与情况。			

续　表

序号	内　容	A	B	C	备注
7		5. 幼儿园能否发放统一的记录表,督促孩子更加细致地观察和记录。 6. 时间跨度可以更长一些,允许失败的案例。			
8	请您从孩子的发展表现和自己的亲身体验角度出发谈谈自己对活动的感受。(指向对活动的总体评价)	1. 孩子在这类活动中比较积极主动。提高了孩子的表现欲和自我发挥空间。 2. 这次活动不仅锻炼了孩子各种能力,还增进了父母和孩子间的感情。 3. 锻炼小朋友表达能力。 4. 能够让孩子感受大自然,体验大自然,培养探究的习惯。对大自然有了更多的好奇心。 5. 活动不只偏向种植的过程,而且过程中伴随互动、沟通、合作、理解、探索等等,以及对平凡世界的好奇和探索,种植是多种感受的综合,受益匪浅。			

从本次活动的问卷情况看,对于开展"家庭百草园展示秀"活动的必要性100%的家长是认同的。对于"家庭百草园展示秀"活动目标设置、组织形式,家长也是100%认同的;对于活动能否促进孩子发展,家长的回答是肯定的,100%能。对于孩子来说活动是深受喜欢的。

3. "家园互动式"评价(主题式)

"家园互动式"评价是指每个幼儿"百草园"主题为家长提供"亲子互动单",将课程实施的"应然效果"罗列其上,家长通过与孩子的互动及观察,对孩子的发展做出评价,从而评价课程实施的效果。

① 操作方式

"家园互动式"评价的操作方式如下:课程实施——亲子互动单制定——幼儿与家长共同完成亲子互动单——教师查阅亲子互动单。

课程实施:幼儿园按照月主题课程计划安排周课程计划,教师按照周计划实施园本课程。

"亲子互动单"制定：教师根据一周所实施的课程内容制定"亲子互动单"，评价幼儿的学习情况，进而评价课程的实施效果。

幼儿与家长共同完成"亲子互动单"：家长与幼儿互动，共同完成"亲子互动单"，过程中，家长对幼儿的发展情况和课程的实施效果做出评价。

教师查阅"亲子互动单"：了解家长对课程实施效果的评价结果。

② 操作要素

评价主体：家长和教师，通过家园互动共同评价课程实施的效果。

评价对象："百草园"主题活动的实施效果。

评价时间：主题学习结束后，幼儿园设计"亲子互动单"，通过家长与幼儿互动和家园互动的方式完成课程实施效果评价。

记录方式：在"亲子互动单"上直接记录幼儿的成长情况（即课程的实施效果）。

○ 案例十二：

"小瓢虫探究记"家园互动评价

"小瓢虫探究记"是中班主题"秋天来了"的一个素材点。前期老师在家长会的时候分组动员家长一起寻找"瓢虫有哪些""瓢虫住哪里""瓢虫的生长过程"等，以问题的形式导入，引发孩子参与探究的兴趣。然后根据主题的推进开展小瓢虫探究记的集体活动和交流分享等活动。主题结束后，家长拿到了"亲子互动单"。

每学期我们通过随机抽取的形式，每班选取五位家长一起完成家园互动评价单，从汇总的情况看家长整体对幼儿"百草园"课程是比较认同和满意的。

家园互动评价单汇总表

班级	名　　称	理　　　　由
大一	"爱在重阳"	因为孩子每天都很乐意去幼儿园、能学到很多知识、让幼儿有了敬老、爱老的知识、幼儿园老师很负责任。
大二	"浓情中秋享团圆"	因为课程设置合理，符合幼儿发展。

续　表

班级	名　称	理　由
大三	"萝卜嗨翻天"	通过种植物和观察生长过程,知道种蔬菜的辛苦,能够不浪费粮食。幼儿德智体美得到提升。
大四	"恐龙的秘密"	激发了孩子的兴趣,知道了以前不知道的事,拓宽了知识。孩子参与度很高,非常兴奋。
大五	"稻米飘香"	老师负责,小孩每天在进步。
中一	"中秋乐团圆"	能让孩子了解到中国的传统文化之美是一件很有意义的事。
中二	"温情暖重阳"	小孩子在幼儿园很开心。孩子对家中的老人更加敬爱了。在幼儿园学到很多本领。孩子自立能力增强,进步了很多。
中三	"甜甜的红薯"	因为小孩很喜欢去幼儿园,也喜欢和朋友玩。在幼儿园不仅获得了知识还培养了良好的习惯,能够和小朋友合作、沟通。性格也越来越开朗了,言语间充满了开心和热情。社交能力增强了。
中四	"小瓢虫探究记"	孩子变化很大,每天回来都开心分享在幼儿园的事物,一些不好的习惯也改掉了。主动把自己的衣物叠放整齐。孩子变得善于观察、乐于探究,较好地激发了孩子对新鲜事物的积极性,也让我们全家参与进来,主动和孩子一起学习,整个家庭氛围很好。
中五	"金种子"	活动丰富多彩,孩子懂得了粮食的来之不易。
小一	"重阳情浓浓"	孩子愿意和家人、同伴分享幼儿园的事情。
小二	"青青菜园"	孩子非常喜欢探究,每天在回家的路上都要去看一看,很好地锻炼了小朋友的观察能力以及探索精神。
小三	"酸酸甜甜的橘子"	到了幼儿园之后孩子有很大的进步,比以前懂事多了。
小四	"中秋乐团圆"	宝贝今天在幼儿园吃了月饼很开心,回家之后还和我们说过中秋节要一家人坐在一起吃月饼,瞬间感觉孩子长大了。

班级	名　　称	理　　　由
小五	"稻谷熟了"	孩子明显爱吃饭了,也很爱说,是在幼儿园学到的本领,知道了农民伯伯的辛苦。
小六	"甜甜的草莓"	孩子能够自主上学,基本适应幼儿园生活,希望能加强生活与学习上的积极主动性。
小七	"小兔乖乖"	使孩子在幼儿园学习到知识,德智体美劳等方面全面发展。

中篇

第四章 让大自然成为幼儿的「栖息地」

大自然对于幼儿的发展有着不可估量的意义与价值。为什么自然是儿童的天然"栖息地"？因为如果给幼儿机会的话，大部分幼儿的游戏都发生在自然环境中。除此之外，幼儿与自然的连接，将滋养幼儿各个方面的发展，包括身体发展、心灵发展和情绪社会性发展等。

第一节 幼儿园自然资源的开发和利用

为摆脱课堂和教材的限制,带幼儿走出幼儿园,通过自己的感官去体验、思考,在大自然中积累知识经验,我们将注重自然资源的有效利用,多方位、多途径地开展各类活动。

一、探究式幼儿"百草园"主题的开发与研究

我园地处乡镇,周围有很多村庄、农田、果园、农业基地等社区自然资源。对此,我们科学规划、合理定位,挖掘并利用周边的一园、两田、三基地、四园林和五大节气,开展幼儿"百草园"体验活动,呈现"父母儿时"的趣味教育场景,让孩子们在充满野趣的远足参观、"小田园"课堂现场教学、农家劳作体验、传统亲子游戏中,走进社会、亲近自然、感受参与的快乐、体验新农村孩子独有的生活经历。

由此,一个个探究型主题应运而生:"稻米飘香""小瓢虫探究记""南瓜畅想曲""红薯的秘密""玉米的故事""十里桃花""麦浪滚滚""萝卜也疯狂""橘园乐""我爱草莓""西瓜乐翻天""青青竹园"……在桃园、南瓜地、竹园、稻田、蔬菜大棚,闻着果香,沐浴着花香,孩子们快乐地奔跑,聆听大自然的"悄悄话",探究田园瓜果生长的秘密,家乡的人文风俗美,不仅摆脱教材的束缚,拓展活动的空间,也充分发挥自然环境的教育价值。

在主题活动中生成的一系列幼儿"百草园"课程中,我们和孩子们尽情细说田园,再现自然,亲吻自然,玩转田园,把田园风光画面以小场景呈现出来,细细品味,从中体会到了家乡生活的美。

二、社区自然资源在"百草园"区域活动中的开发与利用

1. 个别化学习中的利用

在每个"百草园"主题活动开展时,结合主题内容创设特色区域,投放一

定的特色主题材料,让孩子在集体活动后有持续的、感兴趣的个性化探索学习机会,既巩固已有学习经验,又让课程的自主和开放满足不同孩子的兴趣需要,也为教师进行个别指导提供了很好的机会,最终促进每个孩子快乐、均衡地发展。

2. 农家元素的角色游戏的利用

农家元素的角色游戏的利用是指符合幼儿兴趣、具有地方特色,呈现出农家元素的游戏情节,或运用到了农家元素材料的园本特色游戏。即幼儿通过对周围环境中具有农家元素的资源进一步观察了解,根据自己的兴趣和需要进行创意游戏,尝试初步合作,共同拟定和创新游戏活动的主题内容,体验到孩子们自己参与其间的乐趣。

旨在通过农家元素的融入,让幼儿进一步贴近社会现实、贴近生活、贴近大自然,多方位、多渠道对乡土文化有初步的感觉,由衷地产生爱的享受;在积极主动的游戏中获得快乐和满足,建构良好人格。如钓鱼乐、农贸市场、农家乐、蔬菜大棚等。

三、社区自然资源在幼儿"百草园"特色"节日"活动中的运用

为激发孩子对"百草园"传统文化的兴趣,园内每学期举办农家点心体

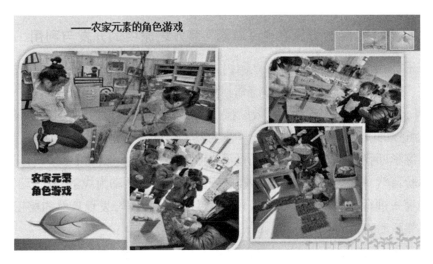

验活动,设立绿色"美食节",结合农业节气组织传统体验活动,"闹元宵、猜灯谜、送福字",结合节日,品味家乡民俗的醇香和甜美。

　　我们的炫彩"环保时装秀",环保主题教育经久不衰,每年春季孩子们穿着土布、稻草、报纸蓬蓬裙,披着蜘蛛侠斗篷、将军服等"盛装出席",摆出最美、最酷的姿势,赢得阵阵掌声;江南水乡音乐旋律中,孩子们穿上蓝印花布衫,嬉戏玩耍,犹如一幅幅美丽动人的江南水墨画;"东北民族风"的孩子们,穿上大红土布小袄,戴上炫酷十足的头饰,踩着秧歌步,钻圈圈、捉蝴蝶,结伴表演和乐融融的游戏情节……

四、社区自然资源在"百草园"育人之旅中的开发与利用

乐行"百草园",始终遵循立德树人的根本目标,培育孩子用双脚去丈量世界,用双眼感知变化,用身体感悟自然,用心灵感恩社会;通过春游、秋游、"百草园"小课堂等社会活动,鼓励孩子主动接近社会、适应环境和发展的需要,促进幼儿与生活的深度融合;始发身动心远的成长之旅。

每学期我们都有有滋有味的幼儿"百草园"育人之旅的实践活动,让孩子体验自然、探究自然。各项目以以幼儿为主体、以活动为线索、以行动为方式的模式进行。通过实践活动带领孩子们走进大自然,发现自然的秘密,感受自然活动的乐趣。

春天,有关春的项目活动就此开始了。小班的"畅游桃园"、中班的"玉米香嘭嘭"、大班的"竹林青青"等活动都让孩子们置身于大自然中,静静地听一听、看一看、闻一闻、做一做,尽情地感受着大自然的奇妙。幼儿走进桃园地里,和花朵亲密接触。在老师的带领下,有的孩子把鼻子凑近桃花,感受桃花淡淡香味;有的孩子用小手触摸树枝,感知树干粗糙的表面;有的孩子用自己的身体动作表现桃树的优美形态;还有的孩子与同伴在园地里开心地捉迷藏……

春天感受春意盎然的美妙!

　　夏天来到西瓜大棚，感受采摘品尝西瓜的快乐。很多孩子都不知道自己吃的蔬菜是如何生长出来的。西瓜是长在树上吗？西红柿有叶子吗？为什么地瓜上面会有土？我们根据主题开展会组织孩子进行采摘西瓜的体验活动，孩子们一来到西瓜大棚就像炸开了锅一样，兴奋不已。接着孩子们在老师的带领下进行摘西瓜的活动。孩子们看着自己手里的大西瓜，一个个抑制不住内心的喜悦，小心抚摸着自己的劳动成果，最后一起品尝分享劳动的果实。

　　秋天，随着果子的成熟，"橘园乐"的主题活动进入了高潮。幼儿园的芦柑树显得尤为热闹，孩子们在这里忙碌着，观察水果的成长情况、测量和比较各种水果的大小，期盼着果子快快成熟。采摘的日子也是孩子们最幸福的日子。他们带着工具，分工合作，体验采摘的乐趣，并把摘下来的果子送回班级里进行再次观察和探究，最后幸福分享、品尝果子。同时孩子们种红薯、观察照顾红薯、挖红薯、制作红薯食品、吃红薯、画红薯等，亲近自然，主动观察、探索、表达和创造，学习的积极性得到充分激发，学习的能力得到了较大提高，对大自然的热爱之情油然而生。

　　冬天孩子们走进草莓园摘草莓，感受草莓的成长过程，走进田野感受农家的乐趣，亲自采摘草莓让孩子们欣喜若狂。同时，迎来了春节。人们

吃团圆饭、逛商店、买年货、贴春联、挂年画等,聆听爷爷奶奶们的田园故事……

总之,没有最好的课程,只有更好的课程。美丽的"百草园"风光,陶冶了孩子们的心灵,是孩子们无穷乐趣的来源。我们的孩子就像那可爱的精灵,在"百草园"中徜徉、感受、触摸、探索,从而获得无穷的乐趣,合奏出优美的

"百草园"新乐章。

第二节 自然教育让幼儿回归生活本质

《纲要》指出:让孩子"喜爱动植物,亲近大自然,关心周围的生活环境"。幼儿阶段正是发展亲自然情感的关键时期,因为幼儿在这个阶段对大自然有着本能的亲近和喜爱,具有与自然万物交流、对话的能力和兴趣。[1]我园在"百草园"课程中,积极加强并维系这种联系,培养并促进幼儿亲自然情感的建立。

一、培养幼儿亲自然情感的重要性

现在的孩子,每天伴随他们的就是手机、电视、iPad,大自然离他们越来越远。我国教育家陶行知先生说过:要解放孩子的头脑、双手、双脚、空间、时间,使他们充分得到自由的生活,从自由的生活中得到真正的教育。这是陶行知的理论与实践相结合的教育经验。

"亲自然情感"按照目前的界定,指的是一种情感体验,包括对自然的热爱、在自然中感觉很自由、在自然中感觉很安全,以及天人合一的感觉等。[2]

幼儿教育离不开自然,幼儿的教育需要自然。我们有着得天独厚的自然资源,在科学教育中幼儿园结合地域特点,利用当地自然资源开展活动;利用农村自然资源,让孩子接触自然,激发对自然科学的认识兴趣;创设自然环境,让孩子探究自然,延伸幼儿对大自然的兴趣,拓展幼儿认识自然的途径、积累科学经验。

目前,我园普遍采用主题式课程,注重集体式教学,而作为集体教学的补充和拓展,对于农村幼儿来说,周围的自然环境是最好的老师,最好的教科书,最好的课堂。神奇美妙的大自然,可以教给孩子无穷无尽的知识,引领着孩子们走向一片求知探索的新天地。

---

1 王莉,陈知君.3 ~ 6岁幼儿亲自然情感的培养策略[J].学前教育研究,2014(06):61-63.
2 王莉,陈知君.3 ~ 6岁幼儿亲自然情感的培养策略[J].学前教育研究,2014(06):61-63.

二、培养幼儿亲自然情感的途径

（一）利用自然资源，让幼儿接触自然，激发对自然的认识兴趣

每个孩子都是非常向往野外的，每次带孩子们外出都会引来他们的一片欢呼声。奥妙无穷的大自然也是幼儿学习科学的最佳场所。

1. 根据季节特点，让孩子走进田野，认识自然

草莓是我们农村特有的资源。随着浦东大开发，许多的农田变成了瓜果大棚，从此，草莓的生长环境也有了改变：从自然的田野搬进了大棚，从春天的植物变成了冬季的植物。

为了开拓幼儿的视野，增长知识、亲近自然、感受生活，让幼儿在与大自然的接触中感受植物草莓的成长过程，我们组织"摘草莓"亲子活动。

来到草莓基地，孩子们兴奋不已，他们早已按捺不住，一个个都迫不及待地想采摘草莓了。"这是一颗绿色的草莓""绿色的草莓还没熟，不能吃的""这里，这里，我看到了一个特别大的""这里有一个红红的"。孩子们积极地参与其中，不怕热、不怕累。经过半小时的采摘，孩子们的额头上都冒出晶莹的汗珠。汗水换来的满满收获，孩子们都很有成就感。

通过亲子采摘草莓活动，不仅让孩子们认识到草莓，体验到劳动所带来的收获和快乐，感受到劳动的艰辛和不易，引导和培养孩子们懂得爱惜、珍惜，从小树立勤俭节约的好品质，促进孩子们好习惯的培养；同时，充分挖掘本土资源，丰富了幼儿园教学活动内容，为孩子们创设了开放的学习空间，使孩子们拓宽眼界，增长见识，增进亲子之间的情感，加深老师、家长和孩子们之间的相互沟通。

2. 根据幼儿兴趣，利用好自然资源

大自然的一草一木都蕴藏着教育资源。为了让孩子们更好地探究草莓，我和富老师及时把握教育契机，利用好这些资源，让幼儿亲自采摘草莓，自由观察、触摸、感知草莓的形状、特征、生长特性。回校后，我们开展"草莓排排队""草莓甜蜜蜜""草莓怎么吃""草莓么么哒""我喜欢的草莓""香香的草莓"等有趣的活动。

（二）创设自然环境，让孩子探究自然，延伸幼儿对大自然的兴趣

走进田野，零距离接触自然进行科学教育固然好，但幼儿更多的时间是

在幼儿园。因此,我园创设自然教育环境,让幼儿在园内通过观察比较、采集、种植去感知动、植物的多样性,了解动、植物与环境的关系,亲历探究自然科学的奥秘,延伸幼儿对大自然的兴趣。

1. 创设"植物角"

我园的植物角是幼儿了解自然知识的一个窗口,是探索周围事物规律的有利场所,让幼儿亲近自然、喜爱植物、喜欢观察、发现周围环境中有趣的事物。我们在走廊创设植物角,不仅美化环境,也使幼儿生活更加生动有趣、丰富多彩。让孩子们在这里可以触摸、认识、观察、探索,自主认识植物:记录种子的发芽过程,记录花谢花开的情况。让幼儿知道植物的生长离不开空气、阳光、水,从而更直观地了解植物与环境的关系。

2. 开辟"小小菜园地"

幼儿年龄小,活动范围窄,对蔬菜生长变化的过程缺乏全面的了解,所以我园内开设"小小菜园地",组织幼儿进行种植管理等。孩子们亲手把种子种下去,他们经过浇水、施肥、除虫、除草,观察了解蔬菜的生长过程,有了小小菜园地,拉近了孩子与大自然的距离,激发了幼儿的观察能力,培养幼儿爱吃蔬菜的良好习惯。同时,孩子们通过参与劳动,感受劳动的艰辛,体会收获的来之不易,更会让他们养成爱惜粮食,珍惜劳动成果的情感。

3. 创设"饲养区"

在幼儿园创设"饲养区",组织幼儿和老师一起饲养小金鱼、乌龟、小蝌蚪等小动物,一起观察小动物的外观特征,小动物的成长过程,观察小动物吃什么,平时都有什么举动从而模仿等。幼儿还经常给小动物喂食、换水,忙得不亦乐乎,这样无形之中让幼儿了解了小动物与人们的关系,让幼儿在劳动中学习,通过饲养小动物来培养幼儿爱护小动物,使孩子有一份爱心。

(三)家园共育,拓展幼儿认识自然的途径

每个幼儿来自不同的家庭,家长有着不同的知识和职业背景。采取家园共育,引导幼儿认识自然,积累科学经验,发挥一对一教育的优势,是一条非常有效的家园共育途径。

第一,应让家长明白幼儿接触自然的好处,宣传幼儿园的教育目的,取得家长的支持与理解,树立科学的育儿观,主动配合幼儿园教育活动。

第二,让家长参与收集自然物等,向幼儿园提供。如种子、果实、花卉盆景、小动物、蔬菜、农作物等，以充实、丰富幼儿园的自然环境。

第三，根据不同职业的家长提出不同的家园共育要求，以拓展幼儿认识自然的途径，积累科学经验。如对在农村的家长，要求能常常带孩子去田间认识各类农作物和让孩子参加一些力所能及的劳动，增加对田野里各种动植物、自然物的感知，激发对大自然的热爱；对于上班一族的家长，能在周末或节假日带孩子到郊外游玩，带领孩子领略自然风光，感受自然界的美丽与奥妙；对于隔代教育的家庭，祖辈家长能带孩子在周围离家不远的田野走走、逛逛菜场、养养小动物，丰富生活常识与科学经验，而不是总把孩子关在家里。

疫情的出现也给人类敲响了警钟——人类必须敬畏自然。敬畏自然，保护动物，改善环境，促进人与自然和谐相处。人类是自然之子，让孩子亲近大自然，乃是顺从孩子天性。大自然更是大课堂，为我们提供了无穷无尽的教育资源，让孩子在农村这片广阔的土地上放飞心灵。

第五章 让幼儿在游戏活动中快乐成长

幼儿的世界充满了惊奇和兴奋，他们善于用明亮的眼睛感知万物之美。我们仔细研究发现，如果给幼儿机会的话，大部分游戏都发生在自然环境中。而我们的审美、自尊和获得他人的认可、自我实现等需要是在与自然世界的关系中得到满足的。

第一节　幼儿角色游戏促进自主发展

中班幼儿随着语言和动作的发展,与人交往的范围扩大,独立性增强,他们希望摆脱成人的帮助,借助自己所积累的生活经验丰富游戏内容,充分体验交往创造的快乐。但是,由于中班幼儿的随意性较强,生活经验局限,所以游戏情节往往较单一,也缺乏一定的自主能力。我们也发现教师在活动中,常常出现权威式地介入幼儿游戏,脱离幼儿生活实际等问题。

那么如何推动幼儿游戏情节的发展?教师在幼儿游戏中又该起怎样的推进和支持作用?下面以中班"爆米花店"的游戏谈谈游戏的推进与支持。

一、以环境与材料支持幼儿游戏情节的发展

1. 创设适宜、丰富的游戏环境

幼儿的活动依赖于环境的相互作用。轻松、丰富的环境很容易让幼儿对游戏产生浓厚的兴趣,这其实也是角色游戏开展过程中首要的环节之一。因此,教师应在了解幼儿已有经验的基础上,为幼儿提供丰富的游戏环境及游戏机会,引导幼儿共同参与游戏环境的创设,使幼儿真正成为游戏的主人。

○ 案例一:

"我们要玩爆米花游戏"

前段时间我们参观菜场,途经小区看到了小区门口的爆米花场景,孩子们非常好奇,围着爆米花机问东问西,一连串的问题。爆米花机是怎样的?玉米是如何放进去的?出来怎么变大了?什么东西都能做爆米花吗?回来以后孩子就提出了要玩爆米花店的游戏。

孩子说，老师，我们没有游戏材料哎。老师说："我们不是有个百宝箱吗？自己尝试去找一找，看看能帮到你们什么？"

于是就看见悠悠找了个塑料瓶子，丽丽则去农贸市场买了一瓶黄豆，一会儿倒进去一会儿倒出来，并学习爆米花的时候捂耳的动作，两个人玩得不亦乐乎。后来其他孩子也参与过来问："爆一瓶爆米花多少钱？"于是爆米花店就在孩子简易的材料替换中开张了。

游戏环境是和谐、宽松的，老师能充分尊重孩子的选择，放手让孩子自主地利用环境和材料进行游戏活动，在孩子的兴趣带动下能充分调动他们的自主性。

活动中，老师和孩子之间看似随意的互动，其实是一个独具匠心的细节之处。老师的一句"你们自己去百宝箱找一找，看看能帮到什么？"激起孩子自己解决问题的兴趣。它不仅夺人眼球，更重要的是它为孩子们提供了更为真实的情境，使他们有了更多操作的经验，从最初的操作摆弄，逐渐过渡为游戏行为，丰富游戏主题。

2. 让幼儿参与准备游戏材料

材料准备对儿童游戏有着极大的影响，是教师指导游戏不可缺少的环节。角色游戏的材料来源于幼儿生活，应高于幼儿生活。在确定游戏内容之前，教师引导幼儿根据自己的意愿与需要，设置相关的场景，再进行材料的收集与制作。这样不仅能更好地满足儿童游戏的愿望，而且能提供锻炼儿童能力的机会。

○ **案例二：**

"我们自己收集爆米花店材料"

自从爆米花店游戏主题开展后，孩子们对这个游戏产生了浓厚的兴趣。我们组织进行了一次店里需要材料的讨论："如何让爆米花店看上去更像爆米花店呢?""应该有些什么样的材料呢?""这些材料怎么找来呢?"

孩子们说:"我们一起来收集材料吧。"于是收集了玉米、大西米、蚕豆、桂圆、花生等等不同的种子材料。巧巧拿来小型水桶,说这个是爆米花的桶。游戏的时候,诺诺从材料超市拿了两个空的橡皮泥盒子,告诉大家可以用这个装爆米花种子。同时,诺诺在旁边的架子上画了一个爆米花的图案,一下子爆米花店看上去像模像样了。

案例中,教师注重抓住幼儿游戏的热点主题适时组织幼儿进行相关材料的讨论,从而引起了孩子主动和老师一起投放材料,布置场景的兴趣,使爆米花店的环境材料丰富起来。

角色游戏中自主地选择材料有助于发挥幼儿的主体性。特别是在进行角色游戏材料的准备时,教师可以刻意让幼儿自己动手动脑来收集游戏材料,从而在这种过程中使幼儿真正成为角色游戏的主体,而不是按照教师的想法去玩。

3. 利用家长资源丰富游戏材料

《幼儿园教育指导纲要》中指出:"家庭是幼儿园重要的合作伙伴,应本着尊重、平等、合作的原则。"家长资源是一块宝地,为了游戏活动更顺畅、生动、丰富、实在地开展下去,一方面教师丰富幼儿的经验,另一方面要重视家长积极有效的参与,充分利用家长中的优质资源,会使我们的工作事半功倍,而且能让家长和孩子从中获益,一举数得。

○ 案例三:

"我请爸爸来做爆米花机"

游戏第五天,老师看见琪琪当了爆米花店的老板。在玩的过程中,我看见他把材料放进塑料瓶以后,盖上盖子,然后假模假样地转起来。嘴里自言自语地说:"这样转起来真麻烦,要是真的能转起来就好了。"旁边的杰杰说:"可以做个转动的,要有个柄的。""老师,你帮我们做好吗?这样会更好玩哦!"老师刚想回应,卓卓说:"可以叫我爸爸来做,我爸爸是工程师,肯定会做的。"

中午，老师就利用班级的微信群把孩子们的想法和需要告诉了家长们，并提出了帮孩子们制作一架爆米花机的要求。果然卓卓爸爸马上答应。过了一个星期后，一架利用塑料泡沫制作的爆米花机做好了，孩子们异常兴奋。可是好景不长，两天后这架爆米花机就坏掉了。于是老师再次利用微信群发了通告，询问有没有做木工的家长，帮我们再来做个比较牢固的爆米花机。令人可喜的是家长开放日那天，昊昊爸爸带来了木制爆米花机。孩子们可兴奋了，爆米花店客满爆棚。

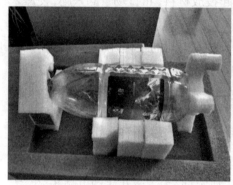

塑料泡沫爆米花机　　　　　　　　　　　木制爆米花机

在幼儿有了相关游戏经验后，接下来就是要丰富他们的游戏材料。有效的材料可以提升幼儿的游戏兴趣，案例中对于孩子的需求，老师也充分利用了家长的力量，通过家园合力自制爆米花机游戏材料，为孩子的游戏开展很好地做了材料的支持。可见，适当地利用家长的资源丰富游戏的材料，也是教师支持游戏的一种方法和手段。

二、以观察与指导推动幼儿游戏情节的发展

1. 帮助幼儿积累丰富的生活经验

幼儿的游戏往往与幼儿已有的知识经验有着密切的关系，必要的生活经验是幼儿选择游戏、表现和创造的基础。教师应重视对幼儿知识经验的丰富积累，按"小步递进"的原则，将指导建立在幼儿的发展上，选择相关主题，通过观察、介绍、讨论等手段增强幼儿对生活的认知与体验。

角色游戏把想象活动与现实活动创造性地结合起来，既富有假想性，又

富有真实性,是虚构性与真实性巧妙结合而产生的游戏活动。有的时候孩子的经验不足,但是又特喜欢这个游戏,老师可以利用不同的方式手段丰富相关的生活经验,为幼儿游戏情节的发展做有效的铺垫。

○ 案例四:

"经验缺乏的爆米花游戏"

爆米花店的游戏是近段时间热门的游戏。辰辰玩起了爆米花的游戏,可是他只管自己拿着材料转着玩,完全不管其他来爆爆米花的小朋友。杰杰说:"把我的玉米放进去,盖好盖子。"辰辰在杰杰的指导下操作爆米花机。后面的多多已经在大声喊:"你快点呀!我也要爆米花了。"有的小朋友等不及直接自己过去把东西倒进去了。有的小朋友就大声喊不是这样玩的。总之,看过去现场一片混乱。

在游戏结束之后,我去网上找了相关的爆米花视频,在自由活动的时候让他们观看爆米花的过程视频,并进行讨论,怎么玩爆米花的游戏。

从案例中可以看出,孩子们对于爆米花的经验是不同的,有的孩子根本没有这方面的经验,而有的孩子则去过爆米花的现场,所以相对的生活经验比较丰富一点。

老师的及时跟进和推进,让孩子观看相关视频,然后进行讨论,使孩子了解生活中爆米花的经验。后来,我们又带孩子们实地观察爆爆米花。可以说这种做法既增长了孩子们的见识,也解决了角色游戏操作上的困难,并从中体验到获得成功的喜悦之情。

2. 加强教师在游戏中的间接引导

随机指导是老师通过观察,介入孩子游戏的一种方法。我们中有些教师认为,游戏的目的就是让孩子玩,随孩子怎样玩都没关系,成人不要随便进行干预和指导,因为成人的指导会影响孩子游戏的正常开展。其实,这种想法是不正确的。

游戏作为幼儿的一种自由自主的活动,教师少干预是正确的,但少干预并非说就不需要教师的适当指导。教师观察了解幼儿在游戏中的表现,对幼儿进行随机指导,不但不会影响孩子游戏的开展,而且更能激发孩子参与游戏的兴趣。教师可以角色的形式参与到幼儿的游戏中,帮助孩子解决游戏规则的问题,使游戏能有序开展下去。当然教师的介入和指导应把握好时机和分寸,以不干扰幼儿游戏为前提。

○ **案例五：**

"乱了套的爆米花店"

今天来当爆米花店老板的是倩倩,只见她手摇爆米花机有模有样地转起来。可是还没有爆好一个,场面就乱了起来,几乎大部分的客人都来了爆米花的店,你推我挤的,秩序很乱,孩子们都涌到前面,倩倩着急地说:"你们不要着急呀。"可是小朋友们就是不听她的。在大家的催促下,倩倩的手抖了抖,爆米花的材料掉落到地上,现场一片混乱。

看到焦头烂额的倩倩,老师自言自语地说:"可以先排好队,制定好规则再开始游戏。"倩倩听了大声地说:"大家都排好队,没有排队的不守规则的排到最后去等。"果然,在倩倩一声吆喝后,孩子们自动排起了队伍。场面没有刚才的混乱了,倩倩又进行了爆米花的游戏。但是倩倩要等到一个完成后,才能接第二个小朋友的材料,这样实在是有点慢。老师在旁提醒道:"这里不是有两个空盒吗?让下一个顾客把材料先放进去,就可以节省时间了是吗?"旁边的月月马上就把玉米粒倒进去了,接下来小朋友们等到前一个小朋友在

爆米花的时候，就主动地把要爆的材料放进去了，一下子爆米花店秩序好了起来。

案例中的倩倩毕竟只是中班的孩子，针对这么多的顾客和有点混乱的状况，还是一下子不能处理的。老师在旁边的自言自语很好地给予了一定的启示，倩倩马上想到了对策，并予以实施。可见，中班的孩子已经具有一定的规则意识，当倩倩说到了爆米花店游戏的规则是要排好队的时候，主动就归位排队了。同时，利用空盒先放材料的方法，也成功地解决了游戏中的问题，节省了幼儿游戏的等待时间。

总之，从孩子中来、到孩子中去，做好游戏通道的支持，这是游戏主题生成、选择和推进发展的一条必要的通道。它来自于教师敏锐的观察和游戏价值点的把握。在本案例中，教师在观察孩子游戏过程中，很好地捕捉幼儿在游戏中的兴趣热点——玩爆米花的游戏。从无心到有意之间，推动了游戏情节的推进和发展，促进了孩子社会性的发展。

"没有游戏的幼儿园不是真正的幼儿园，不会支持游戏的老师不是真正的老师。"成人的作用就在于能够用专业的眼光来观察幼儿的游戏行为，在最适宜的时候推进幼儿的发展。所以，幼儿角色游戏的生成支持和推进，需要教师精心地观察，紧紧地跟随，运用多种策略和方法来推动游戏的进展，让我们真正能做到从孩子中来，到孩子中去。在这条通道里，我们都要做个会支持游戏的老师，帮助幼儿自主发展，尊重幼儿的兴趣和愿望，用幼儿的眼光看待世界，和幼儿一起快乐游戏！

第二节　自然美育活动提高审美情趣

陶行知、陈鹤琴把大自然作为幼儿园课程的中心。大自然作为天然的教育环境，具有美育功能。自然美育的过程中主要以自然事物的感性形式（如色彩、形状、状态、音响等）给人以审美感受。因此，要调动幼儿的眼、耳、鼻、身等各种感官，使它们协同起来感受美。[1]

1　吴敏.幼儿园自然美育的探索与实践［J］.福建教育,2020(51): 34-35.

现在的幼儿大部分都生活在城市中，即使身边有着丰富的自然资源，也很难真正地接触到相关的环境。这就需要幼儿园为幼儿提供条件，让幼儿回归自然，让幼儿体验大自然的乐趣、野趣。我们在设计"橘园乐"课题前，充分考虑到课程实施的时间是金秋时节，盛产橘子。在前期，我们创设贴近大自然的户外环境，带领幼儿走进橘园，引导幼儿观察和欣赏周围环境。再从幼儿的兴趣出发，以多种活动形式推进主题发展，升华自然美育课程的内涵。

一、亲子体验激发幼儿绘画兴趣

《纲要》中明确规定："环境是重要的教育资源，应通过环境的创设和利用，有效地促进幼儿的发展。"大自然是孩子最好的老师，大自然会教会孩子很多知识，是父母、电脑、手机都给予不了的知识。

为了更好地亲近、感受自然之美、拓宽孩子们的视野、感悟收获的喜悦，在"橘园乐"课程前期，我们组织了一次亲子活动。幼儿在家长的带领下，利用周末时间回归大自然，寻找身边的橘树。通过观察橘子的主要特征，初步了解橘子的基本特征以及生长环境。并且能用语言、动作大胆地表达自己的想法，对橘子产生探究的兴趣。这可以让孩子认识有趣的橘子，与大自然来一次亲密的接触。

在活动中，我们也鼓励幼儿和父母通过不同的形式记录关于赏橘品橘的过程。幼儿回到家后和父母一起品尝了橘子，在品尝的过程中知道了橘子是什么味道，橘子内部是什么样的，初步了解了橘子。

在亲子体验中，通过创设情境，选择充满情感色彩的环境，让孩子在情感上感受和体验周围世界，激发幼儿审美，培养感受美的情感。让孩子们有一个活泼有趣的环境，这样能自然激发孩子们的绘画创作兴趣。

二、在集体教学中指导幼儿绘画

周末，家长们带领孩子去橘园中实地观察橘子的形状、颜色，在家中也品尝了好吃的橘子，对橘子有了进一步的了解。于是，在集体教学活动中，我们进行关于"橘子热气球"的美术活动。

【案例实录】

老师：我们一起来看看橘子还能变成什么？它是什么形状的？

学生：圆形的、扁扁的。

老师：我们在旅游时会遇到一个娱乐项目。我们一起看看图片，小朋友，看这是什么？

学生：热气球。

老师：热气球有什么本领呢？我今天带来了一只很特别的热气球——橘子热气球。你们知道为什么叫橘子热气球吗？

学生：因为热气球的上面是橘子形状的。

老师：那我们今天就一起来画一幅你的橘子热气球吧。

老师：我们先根据你面前的橘子，画一个橘子形状的气球。要画在纸面的上方，因为热气球是飞在天上的，再画乘坐人的篮子，篮子在气球的下方，篮子要靠气球才能飞上天。最后，能让气球把篮子带上天就要在气球和篮子中间拉两条很牢固的绳子。这样一个橘子热气球就完成了。你可以在旁边添上蓝天上的白云和小鸟。让我们来自己画一只漂亮的橘子热气球吧。

幼儿作画，教师巡回指导。最后进行了作品展示。

【案例分析】

为了更好地提升中班幼儿的绘画能力，我们开展了此次活动。幼儿照着物体画画有着非常重要的意义，它能够提高幼儿的观察能力，培养幼儿感受美的能力，开发幼儿创造潜能，塑造幼儿良好个性品质。

绘画前，每个幼儿都对橘子进行了仔细观察。活动中，幼儿对橘子的外部特征有了更进一步的了解。大部分孩子掌握了圆形的画法，所以幼儿画的橘子造型较好。个别幼儿绘画内容丰富，对于热气球的构图大胆，画面整洁。在用色方面，幼儿的作品很有色彩感觉，甚至对在橘子身上的小黑点都进行表现。活动中幼儿兴趣很浓厚，画得非常认真投入。

对于一个自然物体，每个孩子通过自己的观察和分析会得到大致相同的结果。然而，在艺术创作过程中，孩子们会用自己的情感去甄别和再现物体。每个孩子的作品因其个性、气质和爱好不同而有所不同。作为教师，应该帮助孩子们发挥个人的优势，自然地推动他们前进。尊重每个孩子的思想和创作，肯定和接受他们独特的审美感受，分享他们的创作快乐；鼓励孩子们用自己独特的眼光去发现世界，用自己独特的方式去表达世界。

三、个别化学习加强幼儿自主创造

个别化学习不仅可以优化教学氛围,提高活动参与度,而且可以锻炼实践操作能力,提高自主学习能力。因此,在幼儿美术教学中,教师应积极开展有针对性的个性化学习,深入思考、细心观察,鼓励幼儿大胆创造、乐于分享、增加学习兴趣,提高个别化学习效果。

对于美术教学,在开展个别化学习时,可以根据主题和内容的需要,以儿童的兴趣为出发点,为儿童创造一个合理学习、促进个人发展的学习环境,使各层次儿童得到提升。

"橘园乐"主题周开展的集体活动过程中,我们通过介绍橘子的各个特征,让幼儿通过看、摸、尝的方式对橘子有了更深的了解。在个别化学习中,我们在美工区创建了"橘皮变变变""橘皮贴画""画橘子"的活动。幼儿对于美工区的参与度颇高,这些活动也让幼儿通过美术活动进一步了解了橘子,培养孩子的表达、动手能力,提高了他们的自信心。

"橘皮变变变"是让幼儿自己将橘皮剥下,将橘皮撕成一个大概的图形,再将橘皮放在画纸上,然后描画橘皮的边,再进行添画。在活动中,幼儿在剥皮前会思考自己想要设计一个什么类型的橘皮造型,在剥橘皮的过程中也是小心翼翼。但是对于中班的幼儿来说,动手能力还不是很强,他们更多的是尽量将橘皮完整地剥下来,以便能更好地进行创作。大部分幼儿在描边后都能自己创作作品,并且用画笔添加上自己的想法。有的幼儿将橘皮撕成一瓣一瓣像一朵花,他们用蜡笔在花上涂上五彩缤纷的颜色,还会画出叶子和花梗。画画稍好的幼儿还会进一步创作,画出家人或朋友在旁边。这个活动不仅提高了幼儿的创造力,还让幼儿在剥、撕、描的过程中对橘子有了更深的了解。

我们在个别化学习中还有一个"橘皮贴画"的美工活动。幼儿对这个美术活动的参与度不亚于"橘皮变变变",兴趣也是颇高。这个活动材料投放前期,我们老师提供了几幅简笔画,让幼儿将橘皮撕成一块块的橘皮后,再用固体胶贴在简笔画中,变成一幅橘皮画。这个活动主要是让幼儿感知橘皮,在撕贴中体会到变废为宝的乐趣。后期,我们鼓励幼儿自己作画再将橘皮增添上去。活动中我们发现,大部分幼儿还是以画简笔画的方式为主,再进行粘贴作画；个别幼儿将橘皮撕成某些形状，然后粘贴成一个新图案。这让我们意识到了，孩子是需要自己摸索探索创作的，前期把简笔画给了他们，框住了他们的想象力。实践证明，他们有能力自己进行简笔画绘画。

陶行知认为幼儿是一张白纸，心思单纯。在幼儿阶段，教师要开展自然化的美育工作，让幼儿通过自然认识万事万物，帮助幼儿树立健康、积极的世界观，从而提高幼儿的综合素质。教师开展各种各样的美育活动，既要关注符合幼儿的年龄特点，又要发掘幼儿的自主能力，提升幼儿参与活动的积极性，让幼儿在潜移默化中感受美、了解美。

第六章 让评价引领课程持续发展

评价是为了发展。开展课程评价的目的是为了"把控'园本课程'构建与实施的各个环节，不断提高园本课程构建与实施的质量"，即关注园本课程的发展性，以评价促进"园本课程"的不断完善与发展。那么，我们选择的课程评价内容是园本课程构建与实施的各个环节。如何运用指标体系评价园本课程，即采用哪些方式开展园本课程评价是我们要思考的问题。

第一节 教师主导的"实施——研讨式"评价

如何运用指标体系评价园本课程,即采用哪些方式开展园本特色课程评价。在实践中,我们尝试采用教师主导的"实施——研讨式"评价。

一、教师主导的"实施——研讨式"评价的含义

教师主导的"实施——研讨式"评价是指教师在实施课程的每个环节,通过反思、研讨等对园本课程的目标、内容、实施方式和实施效果进行的评价。

根据评价时间的不同,"实施——研讨式"评价可分为实施前、实施中和实施后评价(因园本课程是以"园本特色课程"的形式呈现的,所以这里的"实施前""实施中"和"实施后"分别指实施一周园本特色课程的前、中、后,即以一周园本特色课程的实施为时间单位)。可以说,教师实施课程的过程就是评价课程的过程。

课程实施前的评价是以教研组为单位开展的解读、研讨式评价——解读一周园本特色课程的目标、内容和实施方式,对课程目标、内容和实施方式的适切性做出评价,根据评价结果调整、补充课程目标、内容和实施方式。

课程实施中的评价是以个体教师反思为主、同伴互评及教研组评价为辅的评价,评价的主要内容为"园本特色课程的实施",即对课程实施的方式与过程所进行的评价。

课程实施后的评价是以教研组研讨为主的交流、反馈式评价,评价的主要内容为课程实施的效果,即通过对实施效果的评价来反思园本特色课程的内容和实施形式的适切性。

二、教师主导的"实施——研讨式"评价的价值理念

教师主导的"实施——研讨式"评价的价值理念为重视教师作为实施者

和评价者的主体地位和主观能动性的发挥,在研讨和评价的过程中,促进教师不断反思教育行为,提高教师的课程执行力。

三、教师主导的"实施——研讨式"的评价过程

"实施——研讨式"评价注重教师在课程评价中的主体地位和主观能动性的发挥,强调教师实施课程的过程即是课程评价的过程。

我们以教师在实施"桃花园记"(大二班第8周园本特色课程)过程中的"实施——研讨式"评价为案例进行说明。

(一)实施前的解读、研讨式评价

大二班实施第8周园本特色课程"桃花园记"前,大班教研组照例开展了课程实施前的"解读、研讨"活动,解读、分析、评价一周园本特色课程的目标、内容和实施方式。研讨过程中,教研组长引导大家看大二班第8周的园本特色课程计划,如下表所示:

大二班园本特色课程计划(第8周)

内容	内容与要求	领域	活动名称（举例）	组织形式	课时
桃花园记	1. 了解桃树的生长过程,乐于与同伴一起探究桃树的奥秘,分享、获得经验。 2. 感受种植是一件快乐的事情,有播种就有希望,就能收获。在收获中分享喜悦,感受劳动的快乐。 3. 知道桃花节是家乡的民俗节日,为家乡感到自豪。	艺术(音乐)	给小桃树穿件新棉袄	集体活动	一课时
		语言(绘本故事)	桃树下的小白兔	集体活动	一课时
		社会	游桃园	亲子活动	一课时

续　表

内容	内容与要求	领　域	活动名称（举例）	组织形式	课时
桃花园记		科学（科常）	一棵小桃树	集体活动	一课时
		艺术（美术）	桃花朵朵开	集体活动	一课时
		艺术（美工）	桃花盛开	个别化学习	下午个别化时间
		游戏	花儿朵朵开	个别化学习	下午个别化时间
调整补充					

首先,研讨园本特色课程的内容与要求是否适切。

A教师:三个内容与要求的表述从不同的维度出发,要求1是"了解桃树的生长过程,乐于与同伴一起探究桃树的奥秘,分享、获得经验"。要求2是"感受种植是一件快乐的事情,有播种就有希望,就能收获。在收获中分享喜悦,感受劳动的快乐"。要求3是"知道桃花节是家乡的民俗节日,为家乡感到自豪"。但要求2似乎不符合实际情况。

B教师:我同意这个建议。另外,我还发现要求2"感受种植是一件快乐的事情,有播种就有希望,就能收获"的表述不清楚、层次太多。我认为"感受种植是一件快乐的事情"里面种植是一件快乐的事情太宽泛;"有播种就有希望,就能收获"是一种憧憬,这两个要求虽然没有冲突,但这样的表述方式却显得不清楚,容易引起歧义。建议要求2改为"区别桃花的不同品种,了解桃花具有保健、治病的功效"。

C教师:要求2调整后更为符合"以孩子发展为本"的理念,我也赞同。一个目标里包含的层次过多,很容易让人无所适从,而且我认为"有播种就有希望，就能收获"并不是一个发展要求。

D教师：我认为要求3中提到"知道桃花节是家乡的民俗节日，为家乡感到自豪"，指向性不明确，可以修订为"知道桃花节是南汇的特色节日，为自己是南汇人感到自豪"，更好一些。

组长：大家能够依据园本课程评价的指标衡量"桃花园记"园本特色课程的目标，我觉得讲得都很好。目标表述不清晰会影响大家对园本课程的理解和执行，还好我们现在已经发现并能及时调整，这样我们实施课程时的思路也能更清楚一些。内容和实施方式大家再看一看，都恰当吗，还有需要调整的地方吗？

E教师："桃树下的小白兔"语言活动能不能去掉？因为在中班共同性课程中也有相同的内容，显然不符合大班幼儿的年龄特点，容易带来误解。

F教师：将语言活动"桃树下的小白兔"改为绘本活动"小桃仁"就可以了，从总的内容与要求来看更符合幼儿经验获得的过程。

组长：我觉得F老师讲得特别好，能够从课程内容和实施方式的适切性两方面审视园本特色课程方案，说明F老师对幼儿学习的途径和方式，以及我们的园本课程评价指标体系都能做到心中有数。其他老师呢，还有什么看法？

B教师：音乐活动中"给小桃树穿件新棉袄"与特色活动的总要求不符合，没有提到冬天的小桃树，我认为可以从我们南汇桃花节这个要求去寻找活动内容。

E教师：对的，我也这样认为。我觉得能不能把"桃花旅行团"放进去，这个音乐我看过，特别符合大班幼儿的认知特点，孩子们应该会喜欢。

C教师："一棵小桃树"的画面和语言都很简洁，确实不错。但又和我们大班春夏与秋冬里面的共同性活动冲突了，我觉得"桃花茶"也不错，能够通过观看视频及尝试泡桃花茶初步认识桃花茶的颜色、形状、味道等特征，知道桃花茶有保健作用。体验中国的茶文化，感受品茶的乐趣。

组长：对于特色活动来说应该还是"桃花茶"好一些，更为符合园本特色活动的要求，你们看怎么样？

教师们表示赞同。

组长将调整和补充的内容填写在大二班第8周园本特色课程表格中的"调整补充"栏目，并反馈给园课程领导小组。

（二）实施过程中的反思、互评式评价

为了提高教师的课程执行力，大班教研组又组织了课程实施过程中的反思、互评式评价，评价教师实施课程的质量。

教研组确定的方式是以"一课三研"的形式评价教师实施课程的行为，"一课三研"的对象为美术活动"桃花朵朵开"。五个班级的教师共同设计了活动方案，设计好后由大二班冯老师实施"一课三研"。年级组的几位教师相互观摩课程的实施过程，并进行反思、互评。

A教师：我的设计中，第一环节先是让孩子们前期进行经验的交流，谈谈前期与家长们共同观看的桃花，你在桃林里有什么发现？观察到了什么？幼儿都能说出来自己和爸爸或者妈妈一起去观看的桃花的基本经验。但在第二环节对桃花外形特征孩子们说得不是很清楚，一直在绕来绕去，可能我自身对环节的重点提问以及与幼儿的互动还需要提高。最后的操作中，幼儿对毛笔的使用不是很熟练，最后的分享环节也是泛泛而谈，活动没有达到预期的效果。可能我对于我们班幼儿原有的发展水平还没有一个正确的估量。

B教师：关于毛笔的使用，可能孩子的前期经验不够充分，所以在操作的时候孩子们绘画作品没有能够达到预期的效果。

C教师：我倒觉得这种技术性的东西可以放在平时的个别化学习中进行经验的丰富。其他最主要是第一个环节和第二个环节中教师要清楚地知道需要重点解决的问题，否则都是在泛泛而谈没有重点。

D教师：是的，教师可以在第一环节的重点就是回忆自己和爸爸妈妈在哪里参观桃花的事情，第二环节重点解决桃花的外形特征——有花蕾、花苞、花开放、花瓣飘落等不同形态，这里可以重点描述讲解。通过图片的欣赏让孩子们了解这些不同的形态。

组长：组织幼儿的活动一定要关注幼儿的前期经验以及活动的重难点关键问题，大家都考虑到了这一点，我觉得这是值得肯定的地方。在活动过程中，冯老师能够关注孩子们的前期经验进行提问，对于一个新教师来说，能想到这一点还是有进步的。但是冯老师与幼儿的互动确实如同她反思的一样还欠缺火候，当然，这需要她不断揣摩，多反思、多实践，才能提高与幼儿互动的有效性。

通过相互观摩、反思与互评，教师们对自己实施课程的质量有了客观的评价,明确了自己在实施课程过程中的优势和不足。

（三）实施后的交流、反馈式评价

一周的园本特色课程实施结束了,在分析、解读主题课程前,大班教研组先根据幼儿发展的评估单和亲子互动单的评价结果以及日常工作中与家长的沟通和交流,评价大二班园本特色课程实施的效果。

A教师:好几位家长都说孩子在家里面很喜欢画"桃花",还边唱歌曲边跳,家长也挺开心的。

B教师:是的,家长的反映不错。另外,从我们班级的家长评估单的评价结果来看,对孩子学习情况满意的家长占到94.7%以上,说明绝大多数家长对于课程实施的总体情况还是满意的。

教研组总结对课程实施效果的评价信息,并反馈给园课程领导小组。

四、教师主导的"实施——研讨式"评价的操作步骤

教师主导的"实施——研讨式"评价的操作步骤如下图所示:

实施前的解读、研讨式评价:解读园本特色课程的目标、内容和实施方式等,运用园本课程评价标准体系衡量目标与内容等的适切性。如上述案例中,大班教师对大二班第8周园本特色课程"桃花园记"的解读、研讨和评价,以及基于评价的结果所进行的调整。

实施中的反思、互评式评价:教师在实施课程过程中从课程实施者的角度,以评价指标为依据反思、评价自己的课程实施质量,或对同伴的课程实施方式做出评价。如上述案例中,大班教师在实施美术活动"桃花朵朵开"中的"一课三研"式评价,教师们就课程计划制订的适切性、内容的游戏性及与幼儿的互动等内容进行了反思、评价。

实施后的交流、反馈式评价:园本特色课程或学期、学年度课程实施结束后,基于这周的"亲子互动单"、观察评价表和与家长的沟通交流等所获得的信息,在教研组内交流课程实施的结果,评价课程实施是否达到预期的目标和效果。

形成"教师课程评价反馈单":将教师对课程实施的不同环节做出的评价信息记录于"反馈单"中,反馈给幼儿园课程领导小组,推动园本课程的不断完善和发展。反馈单如下表所示:

大二班第8周教师课程评价反馈单

评价对象	评　　价	调整或改进措施
课程方案	• 目标2层次过多,不清晰,有歧义; • 目标3表述指向性不明确。	• 调整目标2为"区别桃花的不同品种,了解桃花具有保健、治病的功效"; • 目标3调整为"知道桃花节是南汇的特色节日,为自己是南汇人感到自豪"。
课程内容	• 活动内容需与共同性课程区分; • 需进一步审视课程内容的递进性; • 课程内容的选材需进一步关注幼儿的年龄特点。	• 取消语言活动"桃树下的小白兔",改为绘本活动"小桃仁"; • 音乐活动"给小桃树穿件新棉袄"与特色活动总要求不符合,变更为"桃花旅行团"符合幼儿认知及思维的发展规律; • "一棵小桃树"和大班春夏和秋冬里面的共同性活动冲突,所以改为"桃花茶"科常活动纳入园本特色课程,体验中国的茶文化,感受品茶的乐趣。
课程实施	• 能够创设适宜的课程环境,能做到随课程的推进及时调整环境; • 课程的计划与实施对幼儿的年龄特点关注高,但需注重家园互动; • 课程实施过程中互动的有效性需进一步提升。	• 重视环境对课程实施的推动作用,督促教师根据课程的实施及时调整环境; • 应进一步考虑班级幼儿的发展水平,家园同步共同实施丰富幼儿前期经验; • 开展"师幼互动有效性"的专题研讨活动,借鉴、总结师幼互动的有效策略,提高课程实施过程中师幼互动的有效性。
实施效果	• 幼儿的发展基本达到课程目标; • 教师解读课程的能力有提升,但应进一步发展教师在课程实施现场及时反思并调整教育行为的机制和能力; • 家长对幼儿的发展评价满意度高。	• 通过研讨和学习,进一步提高教师的现场反思能力(与活动后的反思能力相对,指在活动过程中的反思与调整教育行为的能力)。

五、教师主导的"实施——研讨式"评价的操作要素

评价主体：教师，作为课程实施者，教师对课程的内容和实施方式等更具发言权，从课程实施者的角度开展较为微观的课程评价也更真实、更易操作。

评价对象：园本课程的目标、内容、实施过程和实施效果。

评价时间：课程实施前、实施中和实施后（以一周特色课程的实施为跨度单位）。

记录方式：在一周结束后以《教师课程评价反馈单》的方式记录对园本课程各个部分的评价结果，并通过制定"调整与改进措施"完善、发展课程，提高课程实施的质量和效果。

六、开展"实施——研讨式"评价的关注点

在开展"实施——研讨式"评价时，要关注以下几个方面：

（一）关注教师对课程评价标准的解读

教师作为评价的主体，应对园本课程评价的标准做到心中有数，即要关注教师对课程评价标准的解读。只有理解、把握园本课程的评价标准，才能对园本特色活动的内容和实施等做出恰切的评价。把握评价标准，了解评价标准的内涵，在课程评价的过程中才能做到有的放矢。

如对课程内容的适切性进行评价，教师应首先了解评价课程内容的指标有哪些，"内容的整合性""生成性"等分别是什么含义等。

（二）关注研讨氛围的形成

开展"实施——研讨式"评价时，要关注教师群体（教研组）中研讨氛围的形成，通过研讨实施课程评价。如以下案例：

×班教研组没有形成良好的研讨氛围，教师们没有养成良好的参与研讨的习惯。在一周特色课程实施前所开展的"实施——研讨式"评价中，组内教师认为"这是园课程领导小组提供的课程方案，能有什么问题呀，也不用评价了"，导致了研讨活动中"一边倒"地"唱赞歌"局面——教师们要么极力肯定课程方案的方方面面，要么就是无话可说，对课程的评价完全流于形式。

科研组长了解到这个情况后，以"教研组长"的身份参与她们的"实施——研讨式"课程评价活动，引领她们的教研和评价。活动开始后，科研组

长首先强调了"园本课程需根据社会文化环境及幼儿发展需求等不断得到完善和发展"的观点,同时指出评价是促进园本课程不断完善与发展的重要手段,教师作为课程的实施者,对课程的评价最有发言权,指出了园本课程评价和教师参与园本课程评价的重要性。接着,科研组长通过不断的提问和追问引导教师分析课程方案,反思教育行为。同时,通过适时总结、归纳教师的观点,引导教师对课程做出客观的评价。

通过科研组长参与教研、引领教研活动,教师们明白了"实施——研讨式"评价对课程完善和发展的意义,学会了反思与讨论,教研组形成了良好的教研氛围,学会了以"实施——研讨"的方式对课程建构与实施的各个环节进行评价。

可见,教研组只有形成良好的研讨氛围,才能有效地开展"实施——研讨式"评价。

第二节　家长参与的"体验——感受式"评价

家长参与课程评价是构建课程的一个重要因素。基于课程评价理念的转变,我们建构家长参与的"体验——感受式"评价体系,致力于增强家长的参与意识,为家长营造良好的参与氛围。

一、家长参与的"体验——感受式"评价的含义

家长参与的"体验——感受式"评价是指家长作为评价主体,参与幼儿"百草园"课程的构建与实施,通过自身的体验和感受,对园本课程的方案、内容、实施过程和实施效果等各个环节进行的评价。为家长提供参与、体验与感受的机会,可以让家长对"百草园"课程的构建与实施做出更为客观、适切的评价。

二、家长参与的"体验——感受式"评价的价值理念

重视家长作为"百草园"课程完善与发展的"终端需求者"的地位,注重以家长的视角审视我园园本课程的构建与实施过程,强调为家长提供亲身体

验与感受课程构建与实施的机会,将家长的评价作为园本课程不断完善与发展的助推剂。

三、常用的"体验——感受式"评价法

(一)"家长督学式"评价

"家长督学式"评价是通过"家长督学团"实施的。"家长督学团"是在幼儿园的引导下,由家长委员会倡议组建的非行政团体。

"督学团"通过与幼儿园平等对话的方式监督、评价幼儿园多方面发展情况。对园本课程的构建与实施的评价是"家长督学团"的重要职责之一,家长可通过日常的"走入幼儿园、走进课堂"和家园联动教研等活动和形式实施"家长督学式"评价。如以下案例:

○ 案例

以家园联动教研的形式开展"红薯的秘密"课程的评价

参与人员:"家长督学团"成员、幼儿园课程领导小组成员、中班教师。

活动时间:2021年11月19日。

活动背景:幼儿园预先向"家长督学团"提供"红薯的秘密"的文本方案,展示一项集体活动"红薯的秘密"。同时,我们"家长督学团"也已经多次参与到"红薯的秘密"课程实施。

活动目的:评价"红薯的秘密"课程的方案、实施方式和实施效果。

活动过程:

中班教研组长以本次课程领导小组主持人的身份"致开场白",引导督学团成员评价"红薯的秘密"课程的构建与实施。

中班教研组长:刚才大家查阅了"红薯的秘密"课程的文本方案,也现场观看了一个集体活动"红薯变变变"。前期我们"家长督学团"已经多次参与到"红薯的秘密"课程实施。我们中三班的家长及老师都是此次"红薯的秘密"课程方案的参与者和支持者,大家可以从家长的角度或者教师的角度来谈谈你认为课程的文本方案、实施方式及实施效果方面有哪些优势和不

足,需要如何改进?

家长A:"红薯的秘密"课程方案我看过了,对照幼儿"百草园"课程的评价指标,我认为从目标的确立和内容的选择上来看,是符合我们中三班孩子的当前发展需求的。课程活动从集体教学活动、个别化学习以及亲子活动等入手,不仅注重幼儿学习探究能力的培养,同时,也注重幼儿劳动教育的培养,这对于中班孩子树立劳动最光荣这个意识是有帮助的。

家长B:课程内容从大的方面来说没有什么问题,目标定位在运用多种感官感知红薯的基本特征,知道红薯的种类及营养价值,同时还让孩子们体验劳动的快乐,懂得尊重他人劳动、珍惜劳动成果,提高了孩子的劳动能力等。但我觉得从目标的达成度与内容的设置合起来看还应该再增加一些关于红薯的探究内容,因为我家的孩子在一次削红薯皮的时候问:爸爸,红薯皮下面白白的浆是什么?那我觉得是否可以挖深一点,满足孩子的探究欲望。

中班教师:的确,我也认同家长B的说法。光从这个主题名称来看就是探究红薯的秘密,那么我们在设置内容的时候不仅要考虑孩子的年龄特点,还需要考虑孩子的探究的点在哪里,他们对红薯的什么感兴趣?从而将这个活动内容设置得真正符合本班孩子的需求。

家长C:除此以外,这个方案里面还缺少了运动活动的渗透、游戏活动的渗透等等。现在我所看到的只有集体教学活动、个别化学习活动,那运动和游戏是不是需要涉及?

中班教研组长:可以尝试在课程中增加运动内容"运红薯"、植物角增加"红薯成长记",孩子们可以随时随地观察到红薯的外在变化。

......

家长B:我认为整个活动集体教学活动领域是均衡的,我今天还观察了这个部几个中班关于红薯的墙面布置,从孩子们的参与及照片,作品呈现等都可以看出老师们能够贯彻并落实这个活动的,从前期的红薯大调查、红薯美食、种红薯等内容都能看到,可以说和孩子之间的互动很多。

家长E:对于活动的目标,培养孩子的各方面能力,老师因为有方案、有目标,能够做到心中有数,但在日常家庭教育活动中,对于我们家长来说,如何更好地配合老师帮助孩子在这个活动中得到提升呢?家园合作方面能否有所体现?

中班教研组长：家长E给到的建议非常好，家园共育才能够使活动内容更好地落实落地，我们老师可能在平时实施中有所思考，但我们可以在"红薯的秘密"课程文本方案里面增加家园共育指导意见，帮助我们家长在家如何指导幼儿开展这个活动。

……

家长F：从我们家孩子在家里的表现来看，"红薯的秘密"这个课程活动实施效果还是明显的。以前回家就要先玩玩具，现在回家第一件事是看看自己家里的红薯生长情况，然后用自己的方式记录它的变化，准备第二天到幼儿园和其他小朋友进行交流分享，有了一定的任务意识。

家长G：有了一定的任务意识，孩子的探究欲望就更强了。现在孩子远离自然，缺乏与大自然亲密接触的机会，而这个活动开展正好弥补孩子对自然的缺失，我觉得很满意。

……

"家长督学团"成员完成"评价反馈表"（如下表），并由幼儿园回收、分析"评价反馈表"。

"红薯的秘密"课程"家长督学团"成员评价反馈表

评价对象	评　　价	调整或改进措施
课程方案	● 目标定位清晰。	● 重视对幼儿探究能力的培养。
课程内容	● 内容设置较合理，能够满足幼儿发展的需求； ● 课程内容也要注重家园互动参与； ● 课程内容领域均衡性不够。	● 增加探究能力培养的课程内容，如科学活动"好玩的红薯粉""不一样的红薯"等； ● 增加运动、游戏、生活活动的渗透，如运动"运红薯"、生活植物角添加"红薯成长记"等； ● 增加家园共育，如：和孩子一起收集有关红薯的资料；带孩子到田间种红薯、挖红薯；和孩子一起制作红薯美食等。
课程实施	● 在"红薯的秘密"整个活动中能够贯彻培养目标，但家长参与率较低；	● 生活即课程，老师心中要时时有课程的目标；

续　表

评价对象	评　　　价	调整或改进措施
课程实施	● 教师能够积极营造学习环境，促进孩子的积极参与。	● 提高家长参与度，发布"红薯的秘密"家长指导意见。
实施效果	● 孩子能主动观察、探究红薯的秘密，也学会了记录和分享； ● 家长满意度较高。	

1. 操作模式

"家长督学团"式评价的操作模式如下图所示：

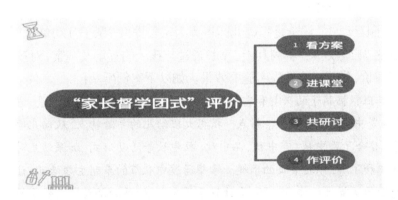

看方案：了解课程方案，对方案进行初步的评价。

进课堂："家长督学团"成员根据评价的需要走进幼儿园，走进课堂，感受、评价课程实施的过程，这是"家长督学式"评价最重要的环节。

共研讨：开展家园互动研讨活动，就"看方案"和"进课堂"等的结果进行研讨。

做评价：每位"督学团"成员都填写"评价反馈表"，对照幼儿"百草园"课程的评价指标体系评价课程的方案与实施。

2. 操作要素

评价主体："家长督学团"成员，由幼儿园家长委员会牵头成立，成员需满足"热爱教育事业""有一定的文化素养""对幼儿教育的正确理念有一定了解"和"业余时间丰富，能够参加幼儿园的督导和评价活动"等条件；"家长督学式"评价,重"督",即家长是置身于课程构建与实施之外,从旁观者的角度审视课程的构建与实施的。

评价对象:园本课程构建与实施的各个环节,重在园本课程实施过程的评价。

评价时间:日常督导,阶段评价——对课程实施开展过程性"督导",无确定时间,"督学团"可自行确定时间走进课堂,并根据情况需要开展阶段性的研讨和评价。

记录方式:"督学团"成员以自己的方式进行记录,并在阶段性的研讨评价中运用如上文所述的"家长督学团成员评价反馈表"向幼儿园课程领导小组反馈评价结果。

(二)"家园互动式"评价

"家园互动式"评价是指幼儿园每周为家长提供"亲子互动单"。将周课程实施的"应然效果"罗列其上,家长通过与孩子的互动及观察,对孩子的发展做出评价,从而评价课程实施的效果。如以下案例所示:

大二班根据孩子的兴趣和需要实施的课程是"浓情中秋享团圆",它是大班主题"我是中国人"的一个素材点。根据大班幼儿的年龄特点,从幼儿熟悉的生活入手,整合了聊中秋、赏中秋、品中秋、画中秋等活动形式,加深幼儿对传统节日的认识和了解,体验节日的乐趣。希望通过中秋节的系列主题活动,让孩子们了解中国传统节日的许多风俗,更让孩子学会分享、体验活动带来的乐趣。一周时间结束后,我们进行互动评价,请根据"亲子互动单"进行评价,内容如下:

1. 小朋友,你知道中秋节的由来吗?

_____

2. 在幼儿园里老师和你们聊了哪些关于中秋节的话题。如:你知道中秋节有哪些风俗吗? 你知道关于中秋节的传统故事吗?

_____

3. 喜欢与家人、同伴、老师一起庆中秋,以不同的形式表达中秋团圆情感。

_____

4. 中秋节吃什么? 你和家人是怎么做月饼的? 介绍一下你做的月饼。

_____

5.《中秋节》手指舞你会了吗,做给爸爸妈妈看看,好吗? 你会边唱边做手指舞那就更好啦!

6. 小朋友,说说老师教的线描玉兔怎么画的? 爸爸妈妈也想学一学。

7. 请爸爸妈妈和宝宝一起,利用身边的材料等,撕一撕,贴一贴,画一画好吃的月饼吧!

8. 您对孩子在幼儿园这周的活动开展情况是否满意? 请说明原因。

幼儿家长和幼儿一起完成亲子互动单,并于第二周带回幼儿园。教师查阅"亲子互动单"完成情况,了解家长及幼儿对课程实施效果的评价。

1. 操作模式

"家园互动式"评价的操作模式如下:

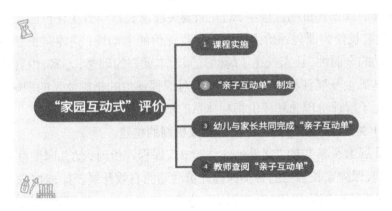

课程实施:幼儿园按照月主题课程计划安排周课程计划,教师按照周计划实施园本课程。

"亲子互动单"制定：教师根据一周所实施的课程内容制定"亲子互动单"，评价幼儿的学习情况，进而评价课程的实施效果。

幼儿与家长共同完成"亲子互动单"：家长与幼儿互动，共同完成"亲子互动单"，过程中，家长对幼儿的发展情况和课程的实施效果做出评价。

教师查阅"亲子互动单"：了解家长对课程实施效果的评价结果。

2. 操作要素

评价主体：家长和教师，通过家园互动共同评价课程实施的效果。

评价对象：园本课程的实施效果。

评价时间：每周一次，每周学习结束后，幼儿园设计"亲子互动单"，通过家长与幼儿互动和家园互动的方式完成课程实施效果评价。

记录方式：在"亲子互动单"上直接记录幼儿的成长情况（即课程的实施效果）。

四、开展"体验——感受式"评价的关注点

（一）关注家长作为课程建设与实施的"利益共同体"的地位

在开展家长参与的"体验——感受式"课程评价时，幼儿园要有主动的意识和开放的胸怀，肯定家长作为课程的"终端受益者"的地位，重视家长评价对于促进课程发展的重要作用，主动为家长参与课程评价创设条件，把家长当作幼儿园特色课程构建与实施的"利益共同体"。

在开展课程评价的过程中，幼儿园要关注家长参与各类评价活动的积极性，激发家长作为课程评价主体参与课程评价的主动性；关注家长参与课程评价活动的全面性，让家长在了解幼儿园园本课程的理念、方案、内容和实施形式的基础上开展课程评价；关注家长对课程评价的指标体系的理解，让家长在真正了解评价理念和评价指标体系的基础上开展课程评价。

（二）关注家长参与课程评价的长效机制的构建

在开展家长参与的"感受——体验式"课程评价时，幼儿园要注重构建长效机制，保障家长参与的各类课程评价活动的有效开展。如，对"家长督学式"课程评价机制的构建，对"家园互动式"评价机制的构建等，以机制的形式确定家长参与课程评价的方式、内容和时间等，避免家长参与课程评价的盲目性和随意性。

下篇

第七章　在主题活动中关注幼儿，提升经验

"百草园"主题活动是以幼儿生活为主的探究活动。在主题活动中，幼儿会改善被动学习的状况，逐渐转变为自主的学习。本章节以植物与动物的主题活动为例，呈现活动的设计与实施及成效，通过主题活动的实施让抽象的、概念化的知识，整合、同化、融入幼儿已有经验，并积累幼儿的社会知识及经验。

第一节　体验植物成长，引导幼儿自主发展

本节以植物的六个主题活动为例，在教师的参与和引导下，幼儿在植物领域的真实情境中，通过自己参与种植、阶段观察、采摘等一系列活动中发现、讨论问题，最后积累活动经验。我们充分利用幼儿园及周边的资源优势，让幼儿认识植物、热爱植物，从而增强学生的环保意识和科学探究精神。

○ 案例一：

乘风破浪的种子

徐　婷

【案例背景】

在幼儿的成长过程中，有一件事让我们的家长头疼不已。那就是吃饭！有时候饭桌就像是战场，爸爸妈妈和孩子就像在打一场拉锯战，纵使威逼利诱，使上了十八般武艺、七十二般变化，抵不过孩子们的一句：我不想吃，我觉得我已经吃饱了。

而这时候的家长忆苦思甜，讲述当年祖辈们如何缺衣少食，农民伯伯如何辛苦地种出粮食，告诉孩子如今是多么幸福。他们都用一种茫然而好奇的眼神看着他们。

为此，本主题的开设让孩子真正体验一回，种子变成粮食的乘风破浪之旅。

【观察实录】

十一月的秋季，大地一片金色，成群结队的谷穗迎风鼓浪。稻田里，到处都是一片繁忙的景象。秋收正在进行……每年的霜降到立冬前后正是农作物收割的时候，为了让孩子们更好地理解节气知识，带他们亲自去体会、感受

农作物收割的景象。一眼望去,满眼金黄,沉甸甸的谷穗低垂着脑袋,正述说着丰收的喜悦。走在田埂上的孩子们,迫不及待地想要抓住稻穗,一探究竟。

"哇,一串稻穗上有这么多稻谷呀!"

"稻谷里面是白色的,原来稻谷脱了衣服就变成我们吃的大米了。"

"稻谷还有一股香香的味道呢!"

不远处,一辆奇怪的车开来了!原来,那就是农民伯伯的好帮手——收割机。收割机开过的地方,原本整齐排列在泥土里的水稻一下就"消失"了。咦,水稻怎么不见了?原来,秘密都藏在收割机的肚子里了呢!稻谷已经全被摘下来,藏在了收割机的容器里,田野里只留下了一截截的稻草,化作肥料。水稻全身都是宝,稻谷、稻草、稻秆,这些都可以做成什么呢?这个话题一下子引起了孩子们探究的兴趣,有的说可以扎稻草人,有的说可以变成肥料,还有的说可以用来编绳子……

【案例分析】

俗话说:读万卷书,不如行千里路。纸上得来终觉浅,绝知此事要躬行。孩子对纯粹的说教,能够入心的很少。说千道万,都不如让他们自己去体验、去探究、去探寻。整个活动下来,幼儿都很积极参与,兴致很高。他们可以在实际中去验证书本上的和大人教授的知识和观念,这让他们非常惊喜。

【案例思考】

本次的课程实践中,我们通过走进田园,走进我们身边的农田,进一步通过亲身实践来促动孩子们的认知。现在他们已经会在吃饭时,很认真地说,每一粒粮食都是珍贵的。虽然,还有很多很多需要进步的地方。

相信他们自己一定有了自己的观点和想法,并愿意去改变!就像一粒小种子,不管经历了多少风浪,它都拼尽全力长大!

○ 案例二：

香香甜甜就是我

周 莺

【案例背景】

《幼儿园教育指导纲要》中指出,我们要善于发现儿童感兴趣的事物,发现游戏和偶发事件中所隐含的教育价值，把握时机，积极引导。后现代教育课程主张将幼儿的直接经验、生活世界看成最重要的课程资源。在幼儿园中，幼儿一日活动的各个环节，幼儿奇异的想法、"古怪"的问题、童真的话语、童趣的故事是不可忽视的教育资源。

为此，在师生互动的过程中，只要我们有强烈的生成意识，有一双慧眼，就能抓住稍纵即逝的生成资源，及时从中捕捉教育信息，发挥生成课程的教育价值，促进幼儿能力的发展，知识的获得，并激发幼儿探究的欲望。

随着实地采摘的热潮，草莓采摘现在越来越流行，红红的草莓、香香的草莓、甜甜的草莓无一不吸引着孩子们的视觉和味觉，幼儿园周边越来越多的草莓大棚出现。结合我们幼儿园"百草园"课程，我们选择开展了"草莓园"这一主题，时间一下子来到12月份，草莓成熟的季节，小班的一次采草莓活动就这样开始了。

【案例实录】

在采摘草莓之前老师问孩子们："宝宝们，你们吃过草莓吗？"孩子们回答："吃过。"浩浩小朋友迫不及待地说："老师，我也去采过草莓，他们还给了我一个红篮子。"我接着问："那什么样的草莓才是可以采的，什么样的草莓是不能采的呢？"小朋友说："我知道，要采红红的、大大的草莓。""妈妈说过，小的绿色的不能采。"菲菲小朋友迫不及待地回答。"红红的、大大的草莓说明它长大了，可以采；小小的、绿色的草莓宝宝还没有长大还不能采哦。"老师又问，"你知道采草莓是怎么采的吗，是用力拔的还是轻轻摘呢？""轻轻摘的，"孩子们异口同声地回答，"用力拔它会疼的。"

采摘活动开始了，家长们陆续带着孩子们来到草莓园集合。一进入草莓大棚，孩子们就迫不及待地去采草莓，"妈妈，我看见草莓了。""奶奶，我摘到草莓了。"孩子弯着腰在草莓叶子下寻找草莓。有的孩子和家长一起找，"妈妈，这个草莓可以采吗？""不可以，这个还是绿的。""这个草莓太小了。""这个草莓一半烂了不能采。"……对话进行着,这时今今的奶奶拿起一个草莓说:"宝宝,我们尝尝味道吧。""不可以不可以,草莓上都是灰尘,老师说要付完钱,回家洗了才能吃。""宝宝真棒,宝宝说得对。"奶奶笑着把草莓放到篮子里。采完草莓,家长们依次从草莓棚里出来排队付钱,孩子们带着自己的劳动成果和家长们回家品尝草莓……

【案例反思】

本次活动从预设到最后成形大概用了一周时间。我们利用家长会和家长一起商讨活动地点和时间,家长们也非常支持。老师负责联系价格和敲定时间。在活动前三天,家长们分别在群里报名参加活动。除去几位身体不舒服的幼儿不参加外,其他孩子全部参加,有的爸爸妈妈还特意请假来参加活动。同时考虑到路程比较远,我班有几位爷爷、奶奶是走路来接宝宝的,所以向家长征询了开车情况。家长也非常配合,自己组团开车前往并顺带一些走路的家长和宝宝一起前往。在采摘过程中,家长和孩子也非常文明,不随意踩踏草莓,不乱采草莓,活动有序开展。整个活动的成功离不开家长的全力配合。

但不足之处在:一是由于有的家长对于地理位置不熟悉,虽然在群里发过位置信息,但是还有家长没有按时到草莓园,有的路上耽搁的时间比较长,影响了采草莓的时间。应该提前踩点,同时对于不熟悉路的家长请熟悉路线的家长帮忙带路,一起出发。二是草莓园虽然前期已经联系好,但是由于是下午去的，草莓园老板把大的草莓全部提前摘走，留下一些小的草莓供孩子采摘，家长收获不大。应该跟老板协商好，把采摘时间调整到上午进行。

○ 案例三：

小玉米成长记

赵爱芳

【案例背景】

《幼儿园教育指导纲要》指出：家庭是幼儿园重要的合作伙伴，幼儿园要充分、合理、有效地利用家长资源，本着尊重、平等、合作的原则，争取家长的理解、支持和主动参与。但是，在挖掘家长教育资源、实现家园共育时，我们对到底哪些是可利用的家长资源、如何利用这些家长资源的认识、实践有偏差。

我们开展实施"玉米田地游"的园本活动。由于自身对相关经验的认识不足，更加要充分运用好家长资源。立足园本实际，灵活运用家长资源"扩展幼儿生活和学习的空间"，获取大量的信息、知识与技能，促使幼儿更加健康和谐发展。

【案例实录1】

玉米秧苗培育前，老师联系了小逸、涵涵等孩子的奶奶，向她们讨教有关玉米种植的几个关键环节。小逸奶奶说："首先要选好种子，其次要做好秧杯，而后盖上细泥和薄膜，等待发芽，长成苗。"涵涵奶奶说，"这个秧苗完成后，就需要移栽，之后在长大过程中需要及时去除小玉米苗，每棵玉米只留一根、一个玉米棒，这样玉米才会长得又大又糯。"祺祺奶奶又说："还不能忘了过程中适时的施肥和施农药，到时我来负责。"涵涵奶奶又说："秧苗杯、移栽所需要的工具我来准备，我们老宅还有。"

老师连连点头，并夸赞奶奶们考虑周到。

【案例实录2】

奶奶们拿来了做秧杯的工具，麻利地开始了做秧杯。孩子们看着奶奶做，心里痒痒的，纷纷表示自己也要尝试。于是，小逸奶奶手把手地教孩子打秧杯，用力压到泥土里，再用小脚把秧杯蹬出来。添添问奶奶："这个杯子是干什么的呀？"奶奶说："这就是放种子的！""哦，原来是小种子的家！"添添一本正经地说。做完秧杯，孩子们在奶奶的指导下，认真细心地挑选着玉米种子。辰辰随意地拿起一粒种子就想放下去，旁边的诺诺一下就抢过种子，说："你看，这个种子不好，不能放，奶奶说过了，要挑大一点的、圆圆扁扁的。"于是，辰辰再次认真挑了种子，重新放到秧杯里……

一个、两个，所有的秧杯都有了"神奇的种子"。孩子们又在奶奶的帮助下，为它们盖上了软软、细细的"泥土被子"，最后盖上了薄膜，当作它们的房子。

【案例实录3】

一个月后，我们迎来了玉米移栽活动。奶奶们依然是主力。活动中，奶奶还问孩子们："这次的工具和上次的有什么不一样吗？"孩子们仔细看了看，这时，妍妍发现了，说："这次的工具上是一个空的洞洞，上次是有一个踩脚的盖子一样的。"听了妍妍的话，其他孩子也说："是的是的，我也发现了，这次是一个洞洞，干什么的呢？"于是，奶奶简单整理了一下地，开始有规律地打洞。豪豪说："我也会，我也要来！"打完洞，涵涵奶奶问："现在我们该干嘛了呢？"有的说不知道，有的说放种子……正在七嘴八舌时，一向胆小的小宁轻轻说

了句："应该是放那个长出小苗苗的杯子吧！"只见涵涵奶奶兴奋地说："对对对，这个孩子说对了，真棒！"

于是，孩子们在奶奶们的带领和指导下，开始了玉米移栽活动，大家小心翼翼地把秧杯放到打好的洞洞内，然后轻轻地在它周围盖上细细的泥土……看着移栽完成的玉米苗，孩子们高兴不已。

【案例分析】

首先，收获了全新的"家长资源"概念。在这次活动中，我们发现家长有着不同的文化背景，参差不齐的知识水平。家长的资源是否有效，不在于家长文化水平的高低，而在于我们是否用自己的慧眼去挖掘这些"家长老师"，让他们各尽所能地发挥出优势来。爷爷、奶奶虽然不识太多字，但他们几十年来积累的各种知识经验同样是我们的宝贵资源。他们将自己驾轻就熟的经验传授给孩子，既可调动孩子的积极性，又使孩子倍感亲切自豪，家长们也会被孩子们的探索热情所感染。

其次，园本课程的实施离不开家长资源的充分运用。本次活动中，我们积极有效运用家长资源，不仅在活动中充分运用，在活动开展前就联系家长们，及时了解相关的关键步骤，从而便于有序安排整个活动的开展，也丰富自身对相关经验的认识，为整个主题活动的开展奠定基础。

在活动过程中，我们鼓励家长能真正融入我们的活动，提高家长资源利用的有效性。特别是案例中第二次的玉米移栽活动，奶奶明显已经融入我们的整个活动，替代了我们的教师身份，积极与孩子们互动，让孩子观察两次工具的不同，了解工具的不同作用，等等。同时，她们对玉米成长的相关经验远远比我们这些教师更加熟悉和了解，在与孩子的交流过程中，对孩子们的问题解答也更加得心应手。

由此可见，只有家长们的勇于参与，我们的主题活动才能开展得有声有色，乐趣融融。只有家园互动，我们的课程改革才能得到家长的支持和帮助。幼儿园在开发、整合、运用社区资源的同时，我们深切感受到了家长资源在幼儿园教育中起到的推动作用，让家长充分参与，让他们与幼儿园的教学资源有机地融为一体，淋漓尽致地发挥他们的作用。

第三，大自然中的课堂更促进孩子的全面发展。案例中的玉米秧苗培植和玉米移栽活动，我们都采用了真实的实践体验活动形式。在真实的大自然中，鼓励孩子们看一看、动一动，从而激发孩子的参与兴趣，也能让孩子们更真实地发现玉米的成长变化过程。同时，通过简单的劳作活动，让孩子们感受到了劳作的辛苦，从而学会珍惜他人的成果等。

活动中，孩子们的问题意识也明显提高，也能及时解决过程中出现的小问题。如添添问奶奶："这个杯子是干什么的呀？"奶奶说："这就是放种子的！"添添一本正经地又说了一句："哦，原来是小种子的家！"感觉一下子就给大家总结了秧杯的作用。而且，孩子的语言又是非常直观和形象的，便于孩子们理解。又如辰辰没有按照奶奶说的挑种子原则而要下种子时，诺诺及时发现并告知辰辰相关的要求，辰辰及时调整，播下好的种子等等，这个过程中，孩子们的语言表达能力、思考能力和解决问题的能力都得到了明显的提高，而这个作用正是来自于真实的体验活动，在大自然中的活动。

总之，园本课程的有效开展离不开家长资源的有效运用，更离不开真实的大自然课堂。

○ **案例四：**

西瓜地里的发现

姚 丹

【案例背景】

春天正是播种的好时节，得知老师带来了西瓜苗，孩子们迫不及待地看看西瓜苗是不是和之前看到的图片一样。大家还叫来了自己的好朋友，一起观察西瓜苗那稚嫩的秧苗。

【案例实录】

西瓜苗种下的那几天，阳台上到处洋溢着孩子们欢乐愉悦的谈话声。孩子们天真地讨论起来，从已有的经验到未知经验的探索，从开花结果到开一朵花是不是结一个果的大猜想，有了大西瓜后我们要分享给谁……

听着孩子们天真的对话，仿佛此时铺满阳台的是一个个熟透了的大西瓜，飘满香甜的气味。

可是好景不长，三天后，孩子们惊奇地发现西瓜苗死掉了。"可是我还没有好好看看我们的西瓜苗呢。"那几天是孩子们最失落的日子。

突然有一天，在自由活动的时候，琪琪告诉大家，"我看到大棚里有很多的西瓜苗都已经长大了，有的已经结小西瓜了。"孩子们兴奋不已，大家都在讨论，晚上想让爸爸妈妈带着自己去西瓜地里看看大西瓜和长长的西瓜藤。

这时，老师和孩子们讨论了起来。什么样的西瓜藤是长长的？多长的西瓜藤叫长长的？多大的西瓜叫大西瓜？发现孩子们大都有点说不清楚，于是老师建议孩子们可以拿一个测量的工具量一量，长长的西瓜藤到底有多长？大大的西瓜到底有多大？那么什么是测量的工具呢？孩子们你一言我一语地说着，有的说可以是尺，有的说可以是卷尺，有的说如果家里没有尺，可以是一根长长的线，跳绳的绳子都可以。

【案例分析】

    在幼儿生成的主题性探索活动中,我们及时发现幼儿的兴趣,并顺他们兴趣的发展,展开了一系列活动,幼儿得到了主动发展。西瓜是炎炎夏日里孩子们最爱的水果,他们最热衷的是西瓜甜甜的瓤,但是对于西瓜的其他认知孩子们差不多是一无所知。于是,我们大班阶段的主题"玩转西瓜"产生了。

    活动开展过程中,我们给予了孩子极大的支持,使孩子在自身体验中获得新经验,整个活动处于动态之中。幼儿在活动中脱离了依赖性,学习主动,大胆表现自己的想法。在活动中,每个幼儿都有满足感,在原有水平上得到了发展。

    在园本主题开展过程中,那小小的泡沫盒里承载了大自然的秘密,是孩子们认识自然、探索自然的智慧角。从开始到一次次的奇思妙想探讨到关注变化,无论是种下的喜悦、还是中间的枯萎,到后面孩子们离开幼儿园走进社区资源参观西瓜地,每一次孩子们都和小西瓜迸发出奇趣美妙的火花,激发着孩子们的好奇心和探索欲。我们追随儿童脚步，保护、发现、支持，在这其中和孩子一起收获与成长。

后期孩子们在实地参观西瓜地之后，孩子们还记录下了自己的发现，并和没去西瓜地的小朋友相互分享了自己的经验。

回顾整个活动开展，我们作为教育者，要尽可能地不去干预孩子们，对孩子们最好的做法就是不要打扰。孩子们遇到问题，自己有解决的办法，好多概念都是通过与伙伴的讨论、接触中认识的；孩子与孩子间出现的问题，也正是孩子在试图解决问题的过程。老师所能做的，不是以高姿态的意愿强加给孩子，而是创造各种情境，并且不打扰他们。

○ 案例五：

酸酸甜甜的橘子

宋华梅

【案例背景】

幼儿的科学探究应从身边的事物开始，引导孩子关注周围生活和环境中常见的事物，发现其中的有趣和奇妙，有益于保持幼儿的好奇心，激发他们的探究热情，使他们从小就善于观察和发现。

"橘子"是秋天的时令水果，在生活中幼儿经常可以吃到橘子，是幼儿熟悉和喜爱的食物。它色彩鲜艳的外皮和酸甜可口的味道，都对幼儿有着巨大的诱惑力，对于我们小班幼儿来说更是如此。

因此，在这个幼儿既熟悉又感兴趣的活动中，老师会及时组织幼儿交流和讨论。在师幼、幼幼互动中，让幼儿运用多种感官，主动探索，获得直接经验，学习认识事物的方法，产生探索周围事物的兴趣和欲望。

【案例实录】

秋天来了，橘子是幼儿较为常见也较为熟悉的一种水果。在第一环节中，我们注重培养幼儿的想象，让孩子们根据自己已有的生活经验来猜测，并大胆地用语言表达出来。

当老师拿出橘子打算让孩子们猜猜是什么的时候，有个孩子马上就猜到是橘子。这时老师问道:"你是怎么知道老师手里拿的是橘子的呢?""我看到的,它的皮是黄黄的。"孩子回答道。"哦,原来橘子的皮是黄黄的颜色。"这样很自然地就将话题引到橘子的颜色上面。

同时自然地过渡到了第二个环节。在第二个环节中,通过让孩子们看一看、摸一摸、捏一捏、闻一闻、比一比这些方法,让孩子们对橘子的外形特点更加了解。

到了第三个环节,孩子们的积极性特别高,尤其是在剥橘子时,我们引导孩子知道橘子是一瓣一瓣的,还请孩子们说说橘子的肉看起来像什么? 有的小朋友说像月亮,有的小朋友说像小船等……在让孩子们剥橘子的时候,老师还示范了怎么样能够剥出橘子花来,正好激发幼儿自己剥橘子的欲望,有自己动手的意识,也可以锻炼一下幼儿的肌肉力量。

但是在孩子们自己剥橘子的过程中,发现成功的幼儿没有几个,对于小班幼儿来说还是有一定难度的。很多孩子都会将橘子皮剥坏掉,不能较好地掌握橘子皮应该剥到什么样的一个位置。

在吃橘子时,老师又重点引导孩子们认识了橘络,让他们了解橘络吃了对身体有好处,所以吃橘子时要把橘肉皮和橘络一起吃下去。品尝后,有的小朋友说橘子酸酸的,有的小朋友说橘子甜甜的,小朋友们充分感知了橘子酸酸甜甜的味道。

最后一个衍生环节是让孩子们说一说，你还吃过什么东西也有橘子的味道。开始这个问题孩子们都不知道怎么来回答，但在老师的引导下，他们说的欲望又被调动了起来。知道那些食物吃起来有橘子的味道是因为叔叔、阿姨在加工的时候，里面放上了点橘子汁，所以我们吃起来就会有橘子的味道了。

【案例反思】

一是充分挖掘本土自然资源环境的教育价值。陶行知先生曾说过"活的乡村教育要用活的课本"。宣桥大治河南岸就有着"花果山"美称的橘园，还有的家住村里的孩子，他们的屋前屋后都栽上几棵飘着清香味的橘树，"橘

园乐"俨然成了孩子们人见人爱的快乐天地。

为此我们借用得天独厚的橘子资源优势，通过远足参观、现场教学、亲子制作、游戏体验等形式，为孩子提供走进社会、亲近自然、感受快乐的机会，从而形成系列专属于幼儿的"橘园乐"课程实践体验活动。

在这宣幼"百草园"大课程背景下，开展的课程主题是"橘园乐"。如通过小班科学活动"参观橘园""酸酸甜甜的橘子"、小班音乐活动"橘子船"、小班美工活动"橘子皮花瓶"、小班亲子小制作"好玩的橘子皮"、小班语言活动"橘子宝宝"等活动，玩中学，学中玩，充分调动幼儿的各个感官系统，从了解橘子的外形特点到品尝橘子味道，从说一说有关橘子的儿歌到唱一唱有关橘子的歌曲，从发现橘子外的世界到探索橘子里面的小世界，让幼儿从认知、情感、技能上得到全面、适宜的发展的同时也自然而然地升起对自己家乡的热爱之情。

二是积极调动家长教育资源。《纲要》明确指出："家庭、幼儿园是幼儿发展的两大环境。"家长的教育观念、知识结构等对幼儿园教育、幼儿的发展具有不可替代的作用。农村家长的教育观念在不断转变，培养目标也在悄悄地发生变化，家长的不同职业、不同的知识都是幼儿园重要的教育资源。因此，充分发挥家长的教育资源作用，能对我们的教育活动起到事半功倍的效果。如在开展美工活动"橘子皮花瓶"之前，鼓励幼儿在家先和爸爸妈妈尝试进

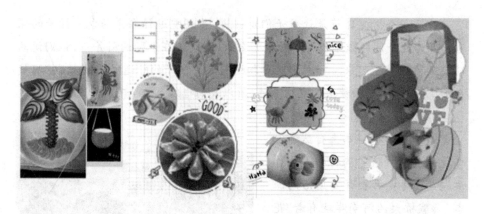

行橘子皮小制作或橘子皮粘贴画。很多家长利用休息时间,密切配合老师的工作,和孩子一起动手制作橘子皮作品,他们非常认真积极主动,不仅发展了幼儿动手操作能力,还大大提升了孩子们对橘子的认知水平以及对艺术作品产生浓厚的兴趣,更是增进了亲子间的感情。

总之,我们的"百草园"特色课程"橘园乐",它是以乡间果园、大自然环境为主要场所,以班级特色主题墙展示为脉络,以参观、采摘、品尝、制作、趣玩为活动内容,以幼儿亲身实践、感官体验、亲子同乐为主要方式,鼓励孩子大胆体验、积极探究、亲近自然。通过这一园本特色课程主题活动的实施,让我们的孩子真正体验到大自然以及我们农村资源——酸酸甜甜的橘子带来的乐趣。

○ 案例六:

玉米宝宝成长的故事

谈军妹

【主题背景】

为了让孩子在做中学,在做中求进步,体会劳动后丰收的喜悦,结合秋天丰收了的主题活动,我们利用幼儿园种植园地和家乡玉米基地的资源,进行了玉米宝宝成长的探究活动。通过"玉米"主题的活动,让孩子亲身体验玉米的真实存在,从感官上真实感受玉米的样子,通过认识玉米认识大自然,爱大自然。

　　我们家乡乡土资源丰富，更是一个开放的充满生命力的大课堂，在这里可以把孩子的学习回归生活，回归于本真。"香嘭嘭"玉米已成为宣桥镇的"一镇一品"，并荣获上海知名品牌称号。宣桥玉米，浦东宣桥地区俗称"珠珠米"，也称"珍珠米"。在《南汇县志》十九卷有记载：古名称：玉 yù 蜀 shǔ 黍 shǔ，形似芦粟，而节促叶密。穗生节间，外包黄壳，有赤须，须丝垂外。

　　其实孩子对玉米并不陌生，但是对玉米的生长过程不了解，感受不到香嘭嘭玉米的来之不易和劳动人民的辛苦，要提醒孩子珍惜劳动成果。同时，香喷喷的玉米是好吃的东西，让孩子了解玉米的种植过程，且有一种与他人分享的意识。

　　当然家长资源更是我们教育资源中不可缺少的一部分，主题实施中既有老师组织的活动，也有家长志愿者参与的活动，更有亲子形式的活动，一方面能增进亲子关系，另一方面也能调动家长关注幼儿的学习及生活活动的积极性，从而形成班级教育合力，并在以后的活动中为我们提供更多的服务和支持，鉴于以上思考，我们开展了一系列有关玉米的实践活动。

【案例实录】

一、亲子玉米移栽活动的起因

　　阳春三月正是种子发芽、万物生长的季节，自然角里老师备了许多种子，准备和孩子一起做发芽的实验。孩子们不时问这问那，这个蚕豆怎么扁扁的？小豌豆圆圆的，有点淡淡的绿？玉米到底种在哪里？怎么长大的呢？许多孩子问出了自己的疑惑。看到孩子们满脸的期待，老师说下次就带你们一起去农民奶奶的田里种玉米。

竹子 or 甘蔗？

家长会上，老师把想法和设想告诉了家长们。家长们纷纷说："是呀，现在的孩子接触自然的机会太少了，好多东西只知道果实，究竟植株怎么样是不了解的。"家长们纷纷支持并参与这一活动，于是玉米移栽活动就诞生了。

【老师的思考】

种植活动是幼儿园常见的一种活动形式，是幼儿与植物、泥土、水以及各类工具相互作用的过程，也是幼儿加深对植物的生长发展过程以及植物与泥土、阳光、空气及水等要素相互关系的认识的过程。

种植活动不只是科学活动，而是一种综合性的活动，是涉及数量、测量、空间、协作、规划、表现、责任感、任务意识及审美等多方面经验的活动。种植过程是幼儿亲近自然的过程，也是幼儿关注、关爱生命的天性得以展现的过程。

新时期，"全收获"理念的提出，说明种植不只是让幼儿有收获，不只是获得食物。"全收获"理念指导下的种植活动意味着种植能给幼儿带来多样化的活动、多方面的经验，还能促进教师、家长等成人的观念的转变。

孩子对玉米的经验是零星的，在讨论玉米长在哪里时，孩子的答案是五花八门的。有的说水里，有的说土里，也有的说长在树上，可以说孩子虽然经常接触玉米，但是孩子的经验是非常有限的。同时，从家长的口中也了解到孩子对于玉米的知识是少之又少，有的甚至是错误的。

为此，在这春暖花开的好时节，孩子们通过种植活动去感受大自然的鸟语花香，去触摸土壤的芬芳，去探寻植物成长的过程是非常有意义的。也是我们践行"尚自然，乐成长"课程理念的实践活动最好的证明。

二、玉米的移栽

活动期间，我们联系到了宣桥新安村玉米基地，并选好日期，制定相关的活动计划。

活动目标：尝试和爸爸妈妈一起将玉米秧苗移栽到大地，知道玉米成长需要一定的空间和距离；在种植、观察中发展观察和动手实践能力，体验亲子种植的快乐。

活动准备：通知家长带好玉米移栽的工具小盆或者纸盒。

活动实录：来到了玉米基地，看到玉米奶奶培育的玉米苗经过三周左右的生长，已经开始苗壮成长。叶子不仅变得更宽、更长，叶子的数量也不断增多。原本只是土背上一个一个小坑，现在已经完全被一片绿叶覆盖。孩子们从根的地方看出这个就是玉米宝宝的种子长成的玉米秧苗。

孩子们问玉米奶奶这些绿绿的小苗长得好好的为什么要分开来？怎么移开来呢？怎么种进去？玉米奶奶说："不急，奶奶一个一个问题来回答你们。玉米已经发芽长大了，挤在一起的话，玉米宝宝营养不够就吃不饱了，玉米就会长不出来的。移栽时需要注意控制两株玉米苗之间的距离、移栽时需要用到工具、移栽之后需要及时浇水等。看奶奶已经为你们准备好移栽的小孔，距离已经帮你们定好了，你们把它搬到你的小盆里，再用两个手放到小孔里，上面盖好泥土就种好了。"

孩子们对此显得兴致勃勃。整个移栽过程分三个步骤：第一，先将玉米苗从育种区搬过来；第二，把玉米苗带着下边的土坯放进打好的洞里，然后用力往下按，保证下边不留空；第三，把打洞带出来的一块土揉碎了放在刚刚种下的玉米苗根部。

分好工后，大伙就开始干了起来。大家忙得不亦乐乎，就像参加竞赛一样，家长们主要负责搬运，小朋友们负责第二步把玉米苗按进洞里。整个过程充满了欢声笑语。干了一会儿，子一跟爸爸说："爸爸，干农活好累呀！"爸爸回答："我们才干了这么一点就觉得累了，你看奶奶已经干了这么多活了，她是不是更辛苦。"子一说："是的，老奶奶太辛苦了。"借此爸爸告诉子一说："你看，种庄稼很辛苦，可见我们的粮食来之不易，以后要养成不浪费的好习惯才能对得起农民伯伯的辛劳。"子一肯定地回答："好的！"

经过一个多小时的劳动，大家都完成了栽种任务。这时候老师告诉大家，我们不仅可以参加栽种活动，等玉米成熟的时候，我们还可以过来采摘，摘自己种下的玉米，我们大家都很高兴，也很期待这将来的采摘。最后大家和玉米奶奶告别，乘车离开了农田。

【孩子的话】

乐乐：星期六的早上，我和妈妈一起到玉米移植园，准备栽种玉米。奶奶先帮我们把坑挖好。然后我们两家一组开始移植玉米，我和戴景程还有他妈妈负责运送幼苗，妈妈负责栽种，忙得不亦乐乎。

刚开始我还不是很懂，还踩坏了两棵小幼苗，后来在阿姨和妈妈的指导下，我们干得很顺利，而且速度越来越快。经过大家的努力，不一会儿就把一小块地全都栽满了，虽然我们每个人小手、小脚上都沾满泥巴，但是我们依然很开心，因为这是我们从来都没有玩过的。

【家长的话】

豆豆爸爸：春天，这个万物复苏，大地呈现一片欣欣向荣的季节，我有幸参加了中二班亲子玉米移植活动，感触颇深。我虽然也是农村孩子，可是从来没有体验过农作物的种植。这次有幸和老师们、孩子们一起获得了这份体验。大家小心翼翼种下了一棵棵小玉米苗，希望它们能迎着风飘摇，迎着风茁壮成长。回头看看大家的劳动成果，看看每个人脸上洋溢的笑容，很欣慰。感谢老师们组织这样的活动，不但让孩子成长了，也让我们家长成长了。

安安奶奶：感谢老师给孩子们创造这个实践活动，让孩子们了解并且参与玉米的种植和玉米的成长过程。看到孩子亲自搬运玉米苗放入坑里，并细心地填土，小心翼翼地呵护着，生怕压坏。这些细心的小举动，作为家长的我，看在眼里，觉得特别温暖、欣慰。通过这样的实践活动，加深孩子对自然的了解跟热爱，也使孩子能明白，收获前需要付出劳动与汗水。

【老师的思考】

对于现在的孩子来说，种植活动基本是不参与的。幼儿园如何开展种植活动？种植过程中"教"与"学"如何把握？下面结合上面的实践案例做一些探讨，以求"教"于"学"同行。

1. 种植活动前的思考与准备

首先，充分利用开学家长会，宣传我园"百草园"课程的理念和实施形式，以及活动开展的意义，使家长了解我们此次玉米移栽活动的目的和意义，取得家长的同步配合。同时，种植活动前，教师要对整个种植活动进行细致的思考，包括种植的形式、种植的内容、种植的方法和将要探究的重点问题等。

其次，教师要考虑在种植前的准备环节中给幼儿提供合适的亲历机会，激发幼儿的种植兴趣。

最后，教师要精心设计种植活动中的每一个问题，且问题要富有启发性，做到准确、严谨、清晰、简练、通俗易懂。既可以启发幼儿从不同的角度思考问题，也可以从一个方向层层深入地激发幼儿思考，多鼓励少批评，这样有利于促进师生交流，形成良好的双向反馈，让幼儿在教师的启发下愉快地进行探索性的学习思考。幼儿"学"的兴趣浓厚，教育活动才能真正融入幼儿生活之中。

除此之外，要联系好玉米基地的相关人员，准备好移栽的田地、活动的地点，如何出行等具体的方案，为玉米移栽活动做好全面的准备。

2. 种植活动中的引导和帮助

种植活动是千变万化、真实自然、充满生机的，在种植活动中，我们创设相应的情境和条件让幼儿亲历种植过程，利用玉米奶奶的经验资源给予帮助和指导。

"知识不是教会的，而是学会的。"教师不同的"教"有不同的效果，"教"要为教学内容的实施和促进幼儿的能力发展服务，要保证每个幼儿在集体活动中的积极参与。在今天的移栽活动中教师只是靠后的参与者，而很好地把玉米奶奶的资源、家长的资源发挥得淋漓尽致，孩子在参与的过程中没有丝毫的违和感，都能积极主动地参与。所以教师只有选择了有意义的、适宜的主题活动，才能激发幼儿的自主探索意识和创造性。

三、通过阶段观察玉米的成长过程

萌萌妈妈：老师这次的玉米移栽活动，为以后小朋友们了解玉米从种子发芽、长高、抽节、长出玉米棒，吐出玉米须的整个过程有了一个很好的开头。小朋友们自己参与，爸爸妈妈从旁解说辅助，希望以后小朋友能实实在在地了解玉米的外形，玉米的营养价值等。

老师：今天只是活动的起始，接下来我来安排我们玉米成长过程的观察记录。玉米移栽后期的跟进与管理记录工作，一个月以后我们就来第一次观察移栽后的成长情况，因为路途较远，我们每个星期安排一组家庭参与观察和记录，然后在群里分享观察记录结果，便于我们了解每个星期玉米成长观察记录情况。

要求：照片记录、文字记录（记录玉米成长不同高度）。

观测日程确定，每组家庭都如期到玉米基地，进行现场观察与测量，并及时在微信群里分享玉米实时的生长情况。这里选取其中比较典型的五次举例

	2019年4月27日	2019年5月11日	2019年5月18日	2019年5月25日	2019年6月7日
玉米长势	玉米生长情况良好，玉米苗最高58厘米，根茎外围9厘米	玉米宝宝已经有110~120cm了，绿油油的一片，很健壮！	玉米高133cm左右，周长13cm左右，还没有长穗，预计下周能抽穗	玉米长出来了	玉米长势高大，玉米就要成熟了。
亲子观测趣事		小朋友和玉米比身高，玉米和宝宝差不多高 期待长出玉米，从哪里长出来，会是从头顶吗？	小朋友和玉米比身高，玉米高出小朋友很多，玉米比宝宝还高	1、和玉米比身高，玉米出来了高兴高兴到的小朋友感到高兴——第一个知道玉米究竟是哪里长出来的！玉米长在腰里，是从叶子旁边长出来	小朋友和奶奶一起，徒步20000多步，来回3个多小时，很累，但是小朋友毅然坚持下来。看到玉米长势，小朋友高兴得又喊又跳，要求和奶奶过几天还来
现场图片					

阶段观察记录：

第一次观察：4月27日（徐睿懿家庭）

4月27日上午10点左右，我们去新安村上次种玉米的地方看了下玉米的成长情况，挑成长较好的秧苗进行测量，最高高度58厘米，根茎外围长度9厘米。

第二次观察：5月4日（乔心怡家庭）

今天轮到我和爸爸去观察我们移栽的玉米。来到我们的玉米地，看看我们的玉米宝宝高了许多，大了许多，我马上对爸爸说："爸爸，快来量一量看看有多高了，这是我们的任务哦。"爸爸随便选了一棵玉米宝宝，一量有31厘米高了。上次我们种的时候还很矮，这次真的高了许多了。爸爸还量了胖度，有7厘米，也比以前粗了很多，真期待玉米宝宝长出来的时候。我和爸爸说等玉米宝宝长出来的时候，我们再来看看，爸爸同意了，我很开心，还和玉米宝宝们一起照了相。

第三次观察：5月11日（倪一晓家庭）

今天我和妈妈来到玉米地，发现玉米宝宝和我一般高了，妈妈还帮它量了身高，有110～120 cm了，玉米宝宝们没有长穗，绿油油的一片很健壮！期待长出玉米，不知道会从哪里长出来，估计是头顶吧！

第四次观察：5月18日（谈昕家庭）

我们一家三口来到了玉米移栽地，玉米很高了，和宝宝比，已经超过宝宝了，量了一下玉米高133 cm左右，周长13 cm左右，碧绿碧绿的一片，很健康，但是还没有长穗，预计下次能抽穗了。

第五次观察：5月25日（庄义涵家庭）

今天，我和妈妈一起来到了我们的玉米基地。玉米长得好高好高，上次谈昕他们看的时候才超过谈昕一点点，今天比我高了许多。特别让我高兴的是，我是第一个知道玉米究竟是从哪里长出来的人——玉米是长在腰里的，是从叶子旁边长出来的。我们要把这个好消息分享给我的好朋友们，好期待玉米收获的季节。

【老师的思考】

幼儿生活环境是幼儿学习和发展的条件。《纲要》十分强调利用生活中的教育资源，这些资源能有效地促进幼儿生动、活泼的发展。作为教师，我愿积极为幼儿创设环境、丰富生活，利用生活环境中的教育资源对幼儿进行教育，促进幼儿素质的全面发展。这次活动孩子们的收获有：

一是了解玉米的成长过程。玉米成长是有阶段性的，包括玉米苗移栽——长高——吐穗前阶段——抽穗吐穗——玉米棒子慢慢变大——玉米成熟。在本次的玉米成长的观察中，虽然由于路途遥远，不能让全体孩子去参观玉米每个阶段的成长过程，但是在我们有序的安排下，孩子们虽然没有亲历现场，但是每个星期都会有一组家庭去观察玉米的成长情况，并及时记录玉米的高度、长势、秆子的周长等情况，孩子们都能在第一时间了解玉米的成长情况，当孩子们发现玉米和小朋友一样高的时候都很惊奇，但是当已经很高了还没有结玉米的时候孩子们还是比较着急的，谈论了有关玉米究竟长在哪里的话题。

二是提高孩子主动参与学习的能力。整个阶段观察过程，孩子们通过同班小朋友的分享，能仔细观察，这样有助于幼儿深入了解植物生长的一些细节的变化，能使幼儿产生惊奇感和好奇心。同时，家长和老师共同鼓励幼儿通过各种方式记录植物的变化，关注植物产生的新变化。对于植物产生的一些重要变化，集体观察、比较观察和讨论，尽可能引导幼儿用语言描述观察到的事物和现象。最后，我们以集体活动的形式梳理孩子的相关经验。

总之幼儿在种植活动中能满足自己的兴趣，找到适合自己的学习方式。因此，我们尝试以幼儿"百草园"相关活动为载体，开展丰富有趣的各类活动，有效促进幼儿多元发展。

四、玉米的收获

终于到了收获的季节，来到田野，孩子们自觉列队走在通向玉米地的田埂上，不一会儿就到了。孩子们说，"哇，之前的小苗苗都长这么大啦！像甘蔗一样，我都认不出来啦！"妈妈们也惊呼，"太不可思议啦！这玉米长得真好！真喜人！我们3月30日移栽时那么点小，现在才两个半月，就长这么高，玉米棒那么大！大自然的馈赠力量真的强大！"

其实移栽结束当天，我们就和家长们定下了每周末轮流来地里观察记录玉米的生长情况的数据。虽然有的小朋友没有来实地观察记录过我们这些玉米的生长情况，已经在微信群里看到大家拍的玉米生长情况图片，但这些都没有现在这样近距离接触来得震撼。

接下来，孩子们领着任务各自散落到玉米地里观察。孩子们纷纷说："玉米的根像老鹰的爪子一样深深地扎入泥土。玉米秆一节一节的像甘蔗，玉米叶子宽宽长长，两边感觉很锋利，像刀刃一样，是玉米保护自己的武器吗？玉米棒棒穿了一层又一层的绿衣服，把玉米宝宝保护得好好哦。看玉米头上还有深棕色的或者粉紫色的头发；玉米顶端是玉米花，好像印第安人的头饰，好漂亮哦……"接下来我们就开始采摘玉米啦！

采摘过程中，玉米奶奶提醒小朋友们玉米须黑色的才是长得饱满和成熟的玉米。我看见孩子们选择了第一个目标——一个又大又长的玉米，用上很大力气硬掰加旋转才把这根玉米掰下来，接着认真挑选一个再掰一个、两个……采摘玉米任务完成啦，每个小朋友都满载而归！

随后孩子们拿着玉米棒又开始了比较：一个玉米棒上能有多少玉米粒？谁的玉米棒更大？我的玉米棒是黄色的，你的玉米棒是什么颜色的？为什么有的玉米棒上有白色与紫色两种颜色？孩子们提出了一系列问题，但是在玉米的种植过程中，孩子已经培养出了自己解决问题的能力，此刻孩子们都沉浸在收获玉米的喜悦中。

【老师的思考】

丰收是最令人感到喜悦的。孩子们经过移栽、观察和奶奶的长期的照料，终于感受到了收获的快乐，经过两个半月的时间，亲身经历了玉米成长过程、完整生命周期、种植方式，能够做成各种各样的食物……

收获过程中，我们也发现了诸多问题——玉米的颜色、大小、多少等，都将成为下一步的探索方向，而在这样的探索过程中也许将会出现一个又一个出色的探索活动。而我们教师需要做的，就是给予孩子引导、鼓励以及支持，促使孩子们通过不断的行动与探索充分发展。

总之，陈鹤琴先生说过："教育活动应根据幼儿身心发展特点，给幼儿感性的知识，创造各种环境条件，多让儿童接触大自然和大社会，多观察，多活动，扩大他们的眼界。"小玉米藏着大秘密，我们通过移栽玉米、观察玉米、玉米大写生、玉米大丰收、数玉米、分享美食、创意DIY等系列活动生成了"玉米大丰收"百草园课程，孩子们在活动中收获知识，收获快乐。可以说开展这样生动有趣的课程，会让孩子们亲近自然，热爱自然！玉米活动中，教师要做的是创设好孩子探索的环境，给予孩子尝试和锻炼的机会，敢于让幼儿尝试、探索，让每一个幼儿在每一次探索活动中都有所发现，都有成功的体验，从而促进他们的发展，体会幼儿"百草园"课程活动中带来的成功和成长的快乐。

第二节 探索动物奥秘，助推幼儿尊重生命

本节以动物的四个主题活动为例，帮助幼儿探索动物的奥秘，增加幼儿有关动物的知识和情感体验，并能引导幼儿关注人与动物、环境之间的关系，树立保护动物意识和环境意识。

○ **案例一：**

菠菜叶上的毛毛虫

沈 佳

【案例背景】

开学初，9月份，老师和孩子们在种植园里播撒了菠菜种子。孩子们一个个兴致高昂。于是在每次的户外运动时，孩子们都会关注我们的小菜园："出土了！""菠菜长叶了！"每次都会有小小播报员来播报菠菜的现状。

【观察实录】

10月的一个午餐后，我带着孩子们到户外散步，想要提前为主题"在秋天里"热身。走到种植园旁，小雨突然兴奋地说："就是这只了！"然后挥动小手向地上打招呼："毛毛，你好。"原来她发现一只肥胖的毛毛虫在地上爬。乐乐竖起食指嘟着嘴："小声点儿。"一旁的仔仔激动地说："可以让它破茧成蝶，让它变成茧吧。"

孩子们越说越激动。"别吵，先让它安窝。"小雨提醒大家别说话。乐乐忍不住伸手准备拨动毛毛虫，一个孩子大喊道："你不要动它，会被咬的。"乐乐停止了动作，轻声喊道："毛毛虫，毛毛虫。"小雨坚持说："它叫毛毛，我上次

给它取了名字的。"

毛毛虫扭转身体向另一个方向爬。小雨说："再见毛毛。"但乐乐兴趣还很浓，他呼喊其他同伴："快看，它叫毛毛，是一只绿色的毛毛虫。"孩子们你一言我一语地说了起来。乐乐意识到有些吵，说："不要再吵了，不然它会死的。"这时小雨又悄悄回来，对毛毛虫说："毛毛，对不起。"原来她并没有离开。

观察中，昊昊问我："毛毛虫吃什么啊？"我反问道："对啊，毛毛虫吃什么啊？"乐乐回答："叶子。"其他孩子也都说是树叶。我又问："你怎么知道呢？你们看过吗？"仔仔说："我看过好几次了。"另一个孩子也说："它吃树叶，但它已经吃饱了。"我又问道："你怎么知道它吃饱了？"仔仔说："看它肚子这么大，肯定吃饱了。"这时，有孩子扔下半片小叶子，毛毛虫在叶子上停留了一会儿才离开。又一个孩子投下另一片树叶，毛毛虫一会儿爬上叶子，一会儿绕开叶子。他们又开始讨论：毛毛虫怎么可以爬这么快？并开始讨论它的脚。

【案例分析】

作为成人，我们不太可能对一只毛毛虫感兴趣，但作为幼儿教师，保持对一切事物的好奇却是需要坚持修炼的品质。孩子们偶遇一只毛毛虫，兴之所至引发极其浓厚的观察兴趣，教师在一旁静悄悄地记下了这珍贵的一幕。教师对偶发事件的敏感度和捕捉力取决于其对教育价值的判断。在这里，教师立足孩子的角度，抱着与孩子一样的兴趣，才使故事得以延展。

在这个案例中，孩子们不仅迁移了原有经验，更重要的是把毛毛虫当成了一个有生命的旧相识。天真无邪的小雨确认它就是自己曾遇见的那只毛毛虫，有自己的名字，有重逢的喜悦。

这有别于普通成人乃至教师的视角。在教师眼中，毛毛虫通常被认为是孩子研究的对象，是一个实验体，甚至是害虫，这背后潜藏着某种功利主义。而在孩子眼里，它却是久别重逢的伙伴，是有感情的生命。孩子们建立规则，希望彼此遵守规则，轻声观察，不打扰毛毛虫，而且会向弱小的毛毛虫道歉，这难道不是这个事件本身的价值吗？这或许比了解毛毛虫的知识更珍贵。

在兴趣驱动下，孩子的好奇心不断增强。他们想了解这个"老朋友"的生活习性。为探索昆虫，我建议孩子们可以跟爸爸妈妈想办法去了解毛毛虫，找找毛毛虫爱吃哪些蔬菜或者可能会变成什么样的蝴蝶等。

在很长一段时间里，孩子们心中毛毛虫依然是主角，它按自己的意志爬行，孩子们追着毛毛虫不停地变换姿势和位置来讨论，足以显露儿童对一个生命体的尊重。了解毛毛虫的生物属性并不是学前阶段的核心目标，教师急功近利的探求方式也是需要避免的。当孩子能学会平等地和自然相处，教育的意义和价值就开始生长了。

【案例思考】

有孩子的地方就有游戏，他们在游戏中自然地学习和认知。这一理论在这个案例中得到了很好的诠释。孩子们与毛毛虫的故事并没有马上结束，浓厚的兴趣使他们继续关注并开始用游戏的方式创造故事情节。自然流露的感情和发现的趣味，使孩子们的学习得到有效链接。他们想起今天的任务就是给户外活动区取名，于是就有了"毛毛虫的世界""毛毛虫的大街"的名称。而这恰恰来自于孩子的经验和兴趣，体现了一定的经验逻辑。

孩子们用自己的感知、体验和独特的游戏方式书写了一个生动的教育故事脚本。可以看出，整个活动中孩子们全身心投入，完全独立地用对话、想象、游戏等方式进行探索。教师或许认为它是一个有意义的自然科学活动，而对于孩子来说，这是他们生活的故事。

○ 案例二：

翩 翩 蝴 蝶 飞

浦 倩

【案例背景】

初夏的日子蝴蝶飞来了。它们在美丽的花丛中翩翩起舞，在芳香的花丛里追逐嬉戏。它们是那样轻盈灵气，多彩多姿，宛如那些花瓣儿、花朵儿，忽地离开了枝叶，自由自在地飘飞起来了。难怪人们把蝴蝶比作"会飞的鲜花"呢。看！如雪球般飞舞的蝴蝶，又在嫩绿的青草间飞来飞去，我们的园本课程"蝴蝶翩翩飞"由此而来……

那么孩子们对于蝴蝶会有哪些发现呢？他们对于蝴蝶又有多少了解？让我们跟着孩子们的足迹去寻找蝴蝶的秘密吧！

【案例实录】

一个风和日丽的下午，我带孩子们在户外草地上游戏。几只白色的蝴蝶翩翩飞过，吸引了孩子们的注意力……

听到孩子们一起喊着："蝴蝶、蝴蝶,快看蝴蝶……"

司晋宇:"这蝴蝶在干吗呀?"

孟可馨:"这蝴蝶怎么不飞了? 它是不是死了呀?"

卞惠一:"它可能太热了,想喝水吧!"

孟可薇:"它是不是在吃花蜜呀?"

罗子逸:"我才不相信蝴蝶会喝水。"

黎瑾洋:"它在睡觉吧。"

卞惠一:"不信你问老师。"

罗子逸:"老师,他俩吹牛,他们还说蝴蝶会喝水。"

就这样你一言,我一语争论不休,对于孩子们的对话我听得很清楚,我并没有着急给出答案,继续让他们讨论他们感兴趣的问题……

问题出现:

1. 毛毛虫变成蝴蝶要经历几个阶段?

2. 蝴蝶需要喝水吗? 它是怎么喝水的?

3. 蝴蝶最喜欢吃什么?

4. 蝴蝶住在哪里?

5. 它们是怎么睡觉的?

6. 蝴蝶停留在花朵上是在干什么?

回到教室后孩子们依然对刚才的问题滔滔不绝,那么蝴蝶到底有什么样的秘密呢? 于是,我们设计了一份亲子互动单和一份蝴蝶的成长过程记录表,让孩子们回家和爸爸妈妈先一起通过多媒体查找一下答案。

第二天,孩子们带着答案来到教室,互相分享知识:

1. 原来蝴蝶真的不仅喜欢吃花蜜还喜欢吃花粉。

2. 蝴蝶喝没有味道的水。

3. 不同种类的蝴蝶有不同睡觉的地方。

4. 蝴蝶生长要有四个阶段。

那么蝴蝶还有什么秘密呢? 带着这个问题,我们一起来到了上海自然博物馆中的蝴蝶房。

【案例分析】

当发现幼儿对一事物产生兴趣时,我们及时抓住教育契机,根据幼儿兴趣特点和年龄特点初步制订活动方案，并在此基础上与园领导、家长沟通，以便获得时间支配权，家长的支持等，使活动更加顺利地开展。

接下来，我们尝试将探索的主动权交给孩子。首先，引导小朋友们绘画出关于蝴蝶的问题，根据孩子们的回答教师进行了统计和分析，发现孩子们对蝴蝶的生长过程、要不要喝水、怎么睡觉等等问题有浓厚的兴趣，于是，我们设计了一份亲子互动单和调查表来解决孩子们的疑问。并为此设计了一周的课程，让孩子们足够了解蝴蝶的基本信息。

【案例思考】

孩子从被动接受活动转变为积极参与、探索活动，不仅语言能力得到了提升，而且能积极参与讨论并愿意分享交流自己创作的艺术作品，自主、自信、大胆地参与活动并表现自我。此外，孩子们还学会遇到问题，与同伴讨论，查阅书籍，求助爸爸妈妈，互相探讨解决问题。更重要的是，孩子们在生活中对于昆虫和植物的探究没有停止，每次户外活动时，孩子们总会留意到身边的小蚂蚁、飞蛾、小瓢虫等等。

○ **案例三：**

小蜗牛的春天

周龙凤

暮春时节，风和日丽催生了一季的姹紫嫣红、草长莺飞，大地披上了浓艳亮丽的盛装。盎然的春意，处处都透出了勃勃生机。而宣桥幼儿园的春天，

更是五彩缤纷，富有诗情画意。孩子们在园中散着步，偶然间发现了一只小动物，它是谁？原来是一只小蜗牛呀！

孩子们对这个朋友非常感兴趣，小脑袋里蹦出了好多小问号：蜗牛的家在哪里？蜗牛喜欢吃什么？蜗牛什么时候会出来散步？带

着孩子们的种种疑问，我们于是开展了关于小蜗牛的活动。随着主题的开展，班级中多了许多的乐趣，孩子们经常会讨论偶遇小蜗牛的各种事迹。

为了让孩子们自主探索问题，首先我们组织孩子在不同的天气去寻找蜗牛，鼓励幼儿去幼儿园的各个地方寻找它们，并做了记录。经过统计，孩子们发现蜗牛喜欢阴暗潮湿的地方，我们常常在菜叶子下面或者是早上的草丛中发现它。特别是下雨天，在路上偶尔也会发现小蜗牛们出来散步。并且还发现蜗牛遇见了障碍物是会绕行的，小蜗牛会用它的触角先摸一摸，碰到东西它就缩回来了，原来小蜗牛有一套独特的辨别方向的本领，这个发现让孩子们都激动不已。经过这次活动，我发现亲身实践体验是最好的教师，实践活动能够激发幼儿的探索欲，让幼儿获得成就感，所以作为教师一定要重视亲身实践探索的重要性。

随着课程的深入，孩子们心中仍然有很多疑问。于是在家长的带领下，孩子们去大自然中寻找他们心中的答案。孩子沉浸在与爸爸妈妈一起的探索氛围中，让自己的爸爸妈妈了解到自己的本领，这让孩子们无比激动，原来我还能带着爸爸妈妈一起去学本领，不仅促进了亲子关系，还能让家长参与

到活动中，了解到孩子的内心想法和学习特点。

在活动中，有的小朋友说，我想给小蜗牛穿上漂亮的衣服；有的小朋友想用橡皮泥制作蜗牛；有的小朋友说，我想画一下小蜗牛。

孩子们画了各种各样的小蜗牛。孩子们都有自己的想法，蜗牛从单调的灰色动物化身为色彩斑斓的小可爱。虽然他们的笔触稚嫩，画不出非常像的小蜗牛，但是他们都有自己心中的小蜗牛。

"百草园"主题活动"小蜗牛漫游记"贴近孩子的生活。它们萌萌的、小巧的形象也贴合小班孩子喜欢可爱小动物的特点。我们知道所有的幼儿都喜欢接触新事物，经常问一些与新事物有关的问题，小小的蜗牛引发了他们的探索兴趣。我们捕捉到孩子对于蜗牛的这一兴趣后，才能顺利地带领他们踏上科学探索蜗牛之旅，看到了孩子们为找蜗牛、观察不同蜗牛而忙碌不停的身影，也看到了他们主动解决问题的能力，发现探索对于孩子们来讲，永远是充满兴趣和挑战的，他们用自己独到的眼光去认识和再现这个世界的事与物。

○ **案例四：**

"小瓢虫探索记"的主题活动

张　培

【主题起源】

一天早晨运动时，浩浩和凡凡两个人似乎对运动没有任何兴趣，反而时不时跑到滑梯下的一个角落里蹲着，还窃窃私语着什么。老师带着好奇心走了过去，浩浩开心地分享："老师，看！瓢虫！"这下，一下子围过来了八九个孩子："哪里有瓢虫？我也要看！"

我们根据中班主题活动关于昆虫的素材点，设计了"小瓢虫探索记"这一活动，旨在让孩子能通过简单的调查，收集自己需要的相关信息。让幼儿在观察与发现中了解瓢虫的特征以及生活习性，培养幼儿多方面的表达表现能力。同时，整合家长、社区物质和人文资源，丰富幼儿园主题活动内容。帮助幼儿园在主题的开展中，通过走进自然，在寻找、观察、调查的过程中，了解身边的环境，知道瓢虫的不同特征以及习性，培养幼儿多方面的表达表现能力。

【主题设计】

整个主题活动，我们分为三个大步骤：

一、开展前

（一）主题活动设计

主题活动目标：能通过简单的调查，收集自己需要的相关信息；让幼儿在观察与表现中了解瓢虫的特征以及生活习性；培养幼儿多方面的表达表现能力；整合家长、社区物质和人文资源，丰富幼儿园主题活动内容。

预设内容：根据中班幼儿学习特点，我们制定了以下的内容：亲子活动"寻找小瓢虫"、科常活动"有益的七星瓢虫"、语言活动"瓢虫"、艺术活动（美）"花园里的小瓢虫"、艺术活动（音）"小瓢虫飞"、数学活动"可爱的瓢虫"。

开展方式：课堂教学、亲子探究活动结合。

开展时间：根据主题活动目标以及开展方式，因为需要有亲子调查，所以我们放在了国庆结束之后的第一周。这样，国庆期间，家长可以带领幼儿以各种方式开展调查。

开展地点：中四班教室以及周围的场所。

(二) 家长会告知

在主题活动开展前，首先是教师和家委会之间讨论可以开展的活动以及活动中家长可以配合的内容。经过讨论后，教师与家委会达成一致意见。

随后，我们告知家长活动内容预设：前期寻找小瓢虫以及完成调查表、中期学习活动开展、后期为亲子制作小瓢虫。

我们需要家长配合的内容有外出寻找小瓢虫、完成调查表、活动结束之后完成亲子制作。寻找小瓢虫的时间，经过家长讨论之后，定在国庆期间，利用假期的优势，家长可以有更多的时间与精力去陪伴孩子。并且，在家长的建议下，我们的亲子制作，采用评比的形式，后期我们将邀请家委会为代表进行评比并适当颁发奖项，带动孩子们的积极性与参与性。

通过这次的家长会，家长对我们这次的活动开展有了一定的了解，家长们纷纷表示，对这次的活动很感兴趣，感觉比较新奇。

家长会是教师与家长沟通的桥梁之一，通过家长会，教师与家长能够更好地为了孩子的成长一起配合，在家园配合的过程中，达到活动效果。

二、开展中

(一) 教师前期调查

孟子曰："资之深，则取之左右逢其源。"教师在指导前，首先要了解活动的相关知识和与学生生活密切联系的，学生感兴趣的相关知识。其次，要了解学生兴趣、爱好及生活背景和自然条件以及他们的文化基础，做到指导中心中有数。再次，教师要对孩子在活动中遇到的困难和问题的预设做好准备。并且，在实施前，教师应对相关资料有大致、系统的了解和整理，对资料的搜集应先于孩子，细于孩子，广于孩子。因此，在开展活动之前，教师需要做好事先调查，了解关于瓢虫的相关知识，如外观、习性等，做到心中有数，心中有序。

（二）制作调查表

教师在事先经过调查之后,提出调查方向：根据瓢虫的外观,害虫长什么样?益虫长什么样? 根据习性,害虫益虫分别吃什么? 它们不同的季节都住在哪里?

瓢虫有哪几种？

	益虫	害虫
长什么样		

瓢虫住哪里？

秋天	冬天

瓢虫有哪几种？

	益虫	害虫
吃什么		

瓢虫住哪里？

春天	夏天

在设计调查表的过程中,我们将不同的季节以及习性分别放在不同的调查表上,孩子们可以根据自己想要了解的方向,更加专注地去进行调查。

当每一位孩子调查的方向都不一样的时候,他们就会更有使命感,对于调查的态度就会更加认真。当调查结束,他们就能够将自己调查到的结果,分享给其他幼儿,在讨论的过程中会更加有成就感,而面对他们没有了解过的经验,也能够更加专注地去倾听。

（三）活动开展

1. 亲子活动

陈鹤琴先生说："幼儿教育是一件很复杂的事情,不是家庭一方面可以单独胜任的，也不是幼儿园一方面单独胜任的，必须两方面共同合作才能得到充分的功效。"他所说的就是"家园共育"。

（1）带领幼儿寻找小瓢虫

国庆节，程果和爸爸妈妈接到了一项任务：学习瓢虫的相关知识，寻找秋天里的瓢虫。接受任务的当天，他们就开始了寻找瓢虫之旅。下面就是他们的探险日记。

第一次执行寻找瓢虫任务。坐标：开能公司。时间：9月30日。天气：晴。

　　放学后，爸爸带着程果来到了妈妈工作的地方。这里是上海市工业旅游景点，园区内的绿化非常好，还有一个屋顶菜园。程果和爸爸在等待妈妈下班的时间里，两个人就开始寻找瓢虫了。虽然花了很多的心思，但是非常遗憾的是，第一次的任务并没有完成。"不用担心，我们下次一定能找到。"爸爸鼓励着程果，小姑娘点点头："对，我们一定能找到！"虽然有点小失落，但是我们不能放弃。

　　第二次执行寻找瓢虫任务。坐标：星愿公园。时间：10月2日。天气：晴。

　　星愿公园里面有很多植物，相信应该能找到瓢虫吧。怀着这样的期待，我们出发了。带着小帐篷，我们开启了户外探险。公园里，我们寻找着，湖边的花花草草很多，会有瓢虫吗？找呀找呀，还是没有找到呢。程果说："爸爸妈妈，我们不能放弃。""要么我们回头再换一个地方寻找吧。"妈妈这样建议。程果："那好吧。"虽然这次还是没有找到瓢虫，但是在公园里玩得还是很开心的。

　　第三次执行寻找瓢虫任务。坐标：滴水湖。时间：10月6日。天气：多云。

　　这次来到滴水湖畔，湖边的粉黛乱子草开得正好，很多游人在拍照，而我们探险小分队在专心地找瓢虫。花坛里、草地上，找呀找呀……又一次无功而返。"别的小朋友都找到了，我还没有找到呢。"程果有点担心地说。"放心，爸爸一定陪你找到瓢虫。"爸爸非常自信地说。那我们就拭目以待了。

　　第四次执行寻找瓢虫任务。坐标：新环广场。时间：10月7日。天气：多云。

　　今天要去打流感疫苗，下午在一片哭天喊地中，今年第一针终于打完了。想想我们的瓢虫还没有找到，程果打完针后，强忍着瞌睡，来到了新环广场，那里有很多花坛，我们想去碰碰运气。

　　一个一个花坛找过去，蜜蜂发现了好几只，瓢虫会有吗？突然，"宝宝，我找到瓢虫了，你看！"爸爸兴奋地喊道。程果急忙跑到爸爸观察的那个花坛，"真的呢，爸爸，我们真的找到瓢虫了呢，太好了，太好了！"程果开心得手舞足蹈。"爸爸，这个是害虫还是益虫呢？""宝宝数一数它身上有几个红色的点点呢？""一、二、三、四，有四个！""四个红点点的是四星瓢虫，它是益虫，它是吃害虫的，是农民伯伯的好帮手呢。""耶！我们找到的瓢虫还是益虫呢！"程果一边开心地比着手势，一边嘱咐着："爸爸妈妈赶紧拍照，爸爸你要小心些，不要把它弄坏了。"看着程果小心翼翼的模样，爸爸连忙点头。

就这样，我们寻找瓢虫的探险任务完美地完成了。

【老师的思考】

此次的寻找小瓢虫活动，我们在设计的时候，考虑到瓢虫活动轨迹的不稳定性，我们放弃了最初园内寻找小瓢虫的想法，改用亲子寻找小瓢虫的方式，在增加找到小瓢虫的概率的同时，也鼓励幼儿去走进大自然，观察大自然。

同时，我们采用家长的意见，放在国庆期间进行，在一周的时间内，我们在班级群内陆续收到了孩子们的收获，一张张的笑脸，把我们也带进了成功的喜悦中。面对没有完成任务的孩子，我们也会为他们感到着急。在高兴与沮丧、成功与失败、放弃与坚持的不断变化中，我们也跟着孩子们体验着各类情绪的变化，也和孩子们一起在成长。

自然教育，是让体验者在生态自然体系下，在劳动中接受教育；是解决如何按照天性培养体验者，如何培养体验者释放潜在能量，如何培养自立、自强、自信、自理等综合素养的同时，树立正确的人生观、价值观，均衡发展的完整方案；是解决教育过程中的所有个性化问题，培养面向一生的优质生存能力、培养生活强者的教育模式。

从教育形式上说，自然教育，是以自然为师的教育形式。人，只是作为媒介存在。自然教育应该有明确的教育目的、合理的教育过程、可测评的教育结果，实现儿童与自然的有效联结，从而维护儿童智慧成长、身心健康发展。

因此从某种意义上来说，此次的寻找小瓢虫活动，我们也是适当地利用了自然资源，采用了"自然教育"。孩子们在生态自然体系下，在与自然的互动中，去探索、去发现，培养了乐观向上、积极探索、坚持不放弃的优秀品质，维护了孩子智慧成长、身心健康发展。

同时，在此次的活动中，我们也鼓励亲子互动，亲子活动的意义与价值在于能够增进孩子与父母之间的情感交流，有利于孩子的健康成长。父母和孩子之间感情需要互相交流，任何一种感情的升华都需要交流，都需要时间和精力去维持。由于各方面的压力，很多孩子的成长并没有父母的陪伴，父母将大部分时间和精力都用于工作和不断学习之中，一定程度上与孩子之间产生了隔阂，而亲子活动正是化解父母和孩子之间的隔阂，增进彼此之间情感交流的方法。亲子互动不仅有益于亲子之间的感情交流，密切亲子关系，促进儿童的健康发展,反过来,家长在亲子互动的过程中,也能够更多地了解孩子们的成长过程,了解孩子们更多的闪光点,也帮助家长反思自己的家庭教育内容和方法,使其在活动中获得正确的育儿观念和育儿方法,并将观念和方法融入与孩子相处的每一刻,逐步了解培养、教育孩子的重要性,从而最终实现孩子的健康和谐发展。

（2）完成活动调查表

当寻找完小瓢虫之后,家长需要和幼儿通过上网、查书等各种方式一起完成调查表。调查报告我们事先发下去,每个幼儿拿到的调查内容是不一样的,这样我们可以减轻家长负担,同时可以避免调查内容的重复,更有利于幼儿之间分享他们的经验。同时,我们将电子稿发在了群里,有兴趣的家长和孩子可全部做完。家长和孩子交上来的调查表,形式非常多样,有画画的,有手工的,同时他们调查出来的内容都不一样。

如果老师一个人做这些事情,那么,她的思维肯定会有一定的局限性,这工作交给孩子和家长,一是开拓了解决问题的思路,二是让孩子们更加有参与感,他们自己参与了进去,才会对这些内容更加了解,更加有经验。

直接经验或真实经验对幼儿早期的学习来说十分重要。处于这一时期的幼儿需要积累较强的经验基础来支持他们日后的学习。如果要理解某一概念,幼儿往往需要各种不同的经验,单一的经验通常不足以构建出一个可靠的知识概念。通过各种不同的体验,幼儿逐渐建构起对所生活的世界的理解,当把基于不同经验所获得的点点滴滴的知识融合起来的时候,意义就产生了,这些经验构建了幼儿的心理图式,或者说促进了幼儿对世界的理解,同时也会影响他们的思考和行动。幼儿的经验储存越多,他们对世界的理解就越多,他们的思考就越清晰。真实的经验能够提供给幼儿具体的知识,具体的知识能让幼儿清晰地理解,所以,当我们开展学习活动的时候,孩子们就可以有很多话题去聊,每个孩子分享他们得到的经验,互相补充,我们就能够把经验化零为整,得到一个完整的知识架构。

2. 学习活动

学习活动包括,科常活动"有益的七星瓢虫"、语言活动"瓢虫"、艺术活动（美）"花园里的小瓢虫"、艺术活动（音）"小瓢虫飞"、数学活动"可爱的瓢虫"。

　　语言活动"瓢虫"。老师在上语言活动"瓢虫"的时候，问孩子们："你们在哪里看见过瓢虫？"马上就会有孩子说："我在上学的路上看见了瓢虫，而且是二十八星的！"有的孩子说："我在爷爷的菜园里面找到了。"这个时候，孩子们对这些经验比较熟悉，注意力很快集中到学习活动中，还活跃了课堂的氛围。

　　科常活动"有益的七星瓢虫"。当讨论瓢虫到底是益虫还是害虫时，孩子们马上就会说："我调查过了，七星瓢虫吃的是蚜虫。"其他孩子还会补充："蚜虫是一种坏虫子，会破坏庄稼。"其实这些都是前期经验积累，家长在带领孩子们找瓢虫，完成调查表的时候，孩子们就已经有初步的经验了。活动时，

孩子们你一句我一句讨论，将各自的经验结合在一起，这样一节课的效果就比没有前期经验好很多。

美术活动"花园里小瓢虫"。孩子经验丰富了，对老师在教学活动中的展现也有很多好处。比如，老师在美术活动的时候，不小心将瓢虫画成了八条腿，马上就有一个孩子纠正："老师，瓢虫不是六条腿的吗？"于是老师马上纠正，"对呀，你观察得真仔细，瓢虫是昆虫，有六条腿。"当天孩子们完成的作品，瓢虫都是六条腿的。如果孩子没有这个前期经验，教师的失误很有可能让他们把瓢虫画成八条腿。所以，幼儿前期经验的积累，其实最后，也是为孩子们自己的学习服务的。

主题环境创设。当我们在每一个环节结束之后，都会对主题墙进行填充，其中一块是"小瓢虫生长记"。我们简化了一些步骤，用卡通的形式让孩子们看到瓢虫从虫卵→幼虫→虫蛹→成虫，展现了它一生的美丽绽放。

（三）成果展现

当主题墙创设完毕之后，我们的主题活动就快进入尾声，我们用主题墙的形式对整个活动的成果进行了展现，然后开展了"花园里的小瓢虫"的教师展示活动，以及主题活动汇报。我们邀请专家、家长代表、教研组内的教师，对我们班的教师展示活动进行了观摩，并通过主题活动汇报，了解了我们整个主题活动的设计与实施过程。

在汇报结束之后，我们组织了专家进行点评，专家在点评中对我们的活

动表示了肯定。教师在讨
论的过程中也表示，本次
的主题活动汇报，让教师
们在今后的主题活动中
有了新的思路，教师在设
计主题活动的过程中，对
每一个环节的设想以及开
展，都需要有一个完整的
链接，每一个环节，每一
个步骤都需要是环环相扣
的。这样，我们在一个拥
有完整架构的主题活动
中，才能让效果得到更好
的呈现。

　　家长们纷纷表示，在
观摩了本次活动以及主
题活动汇报之后，才了解
幼儿园的主题活动，看似
一个个十分简单，背后需要如此多的思考以及铺垫，同时，家长在整个主题活
动开展过程中，看到了孩子不一样的表现，孩子们是好学的、善于发现和表达
的，有着持之以恒的精神，而不是弱小的，需要一直保护的。

三、活动延伸

1. 亲子制作

（1）以多种材料创作瓢虫相关作品

　　本次的亲子制作活动，每一组家庭都积极参与其中，孩子们和家长一
起，采用各种各样的材料与形式来制作小瓢虫，有彩泥制作的小瓢虫、有绘
画的小瓢虫、有剪纸小瓢虫。比较新奇的，还有小瓢虫抱枕、小瓢虫凉帽、
小瓢虫挂件等。甚至还有家长和孩子一起制作了小瓢虫的服装，让孩子们
体验了变身小瓢虫的乐趣。家长们表示，本次的制作活动，让家长也感受
了一次手工活动的快乐以及完成后的成就感。孩子们也说，和爸爸妈妈在

一起做手工,太开心了。

此次的活动,我们邀请家委会作为代表参与了评比,选出"最别出心裁奖"3名,"最心灵手巧奖"3名,"最佳制作奖"4名。另外参与的孩子们人人有奖品,让孩子们开开心心地参与活动,知道了努力就会有收获。

(2)绘本故事

如《小瓢虫的秘密》《小瓢虫和草地上的伙伴》《瓢虫的日记》《智慧小瓢虫系列》《小瓢虫骑车记》等,都是以小瓢虫为主角的绘本故事,在讲述故事的同时,或科普了一些科学小知识,或是表达了一些励志的思想,或是培养了孩子们的社交情商。我们利用自由活动的时间,或者是饭后,与孩子们探讨了关于阅读绘本之后的感受。

绘本故事是孩子们最容易接受的学习方式之一,有趣的绘本故事会让孩子们在阅读的过程中提升各方面的知识,培养各类情商,我们在选择绘本的时候,经过了一定的筛选,以瓢虫为主角,并不一定是了解瓢虫的知识,瓢虫只是一个载体，内容才是主角。也希望孩子们在阅读绘本的过程中，通过讨论、共情等方式，懂得一些道理。

2. 电影《瓢虫成长记》

《瓢虫成长记》其实是法国电影《昆虫总动员2》，该片讲述了一只瓢虫在人类掩藏下的丛林中遭遇其他昆虫追赶、参与红黑蚂蚁对战的故事。电影的主角是一只七星瓢虫，年轻的瓢虫最大的特点就是心智不成熟，但是确实十分讲义气，乐于助人，可以做到路见不平拔刀相助。

在观看了这部电影后，孩子们讨论起来：

花花：老师老师，小瓢虫好勇敢啊！他被蜘蛛网抓住了，爸爸在救他之后，他还要救其他昆虫，他是个英雄！

乐乐：红蚂蚁和黑蚂蚁怎么在打架？

小宇：因为他们在争夺食物呀！

童童：红蚂蚁怎么这么坏！明明是黑蚂蚁先找到的食物！还好小瓢虫帮助了黑蚂蚁。

悦悦：因为他们是朋友呀，朋友就是要互相帮助。

《昆虫总动员2》的故事并不复杂，它将一个微观世界展现给了孩子们。它摒弃了对白，反而加入了一些可爱的、孩子们喜爱的象声词，增加了很大的感染力，说是电影，更像是一个童话，关于勇气和善良，关于友情，关于亲情，关于环保……也许这就是充满活力的自然，是最美的生命之姿。

四、主题活动反思

小瓢虫对于幼儿来说，是一个比较熟悉，却也是比较陌生的昆虫。本次主题活动，我们通过多方面的活动，帮助幼儿在互动中了解瓢虫的各方面特征，对瓢虫有了一定的了解，同时，也培养了幼儿各方面能力的发展。

首先，我们开展了亲子活动。在国庆的活动中，不论是寻找小瓢虫，还是完成调查表，我们都是以亲子活动的形式去开展的。这不仅是教师与孩子之间的经验碰撞，也是家长与孩子之间的碰撞，家长是主题活动的参与者，与孩子一起成长。知识、体验从来都不是在封闭式的环境里传与受，开放式的环境能让我们更容易接受新事物，更为感同身受。相信这一次小瓢虫探究之旅，不仅让孩子们在大自然的环境里学习成长，同时也和家长、老师们一起度过了一个愉快的假期。

通过本次的寻找小瓢虫活动，家长们表示，在寻找小瓢虫的过程中，家长与幼儿们从查找可能找到小瓢虫的地点，到找到瓢虫之后查找瓢虫的名称，再到近距离观察瓢虫的外观特点，这不但是一个寻找的过程，还是一个家长与孩子们共同学习的过程，更是一个培养孩子们良好性格的过程。

其次，主题活动环节设置的过程当中，我们帮助幼儿积极拓展人际关系，可以从以下几个方面进行阐述：

与老师的交往。在确定一个主题的时候，老师和幼儿之间会有简单的"对话"，这种对话是师生双方出于共同的兴趣而进行的交流，通过老师和幼儿之间进行的对话来决定活动的主题，让幼儿在活动之前就了解活动，在活动过程中有亲切感，这样的话，当老师和幼儿互动的时候，自然就会有很多的共同语言。

与父母的交往。为配合主题顺利开展，在材料的搜集过程中，在教师布置作业后，幼儿回家后必须与父母进行交往，告诉家长今天我要带什么，把意思表达清楚，说服家长帮助自己完成教师交给的任务。如果恰好碰到节日，也通过节日为幼儿和家长创造亲子之间交往的机会和环境，在节日主题的游戏活动中培养幼儿和家长的感情，促进幼儿和家长的交往。

与同伴的交往。在准备活动的时候孩子们会把收集到的材料带到幼儿园，孩子的好奇心是很强的，看到不一样的东西都会勾起他们的求知欲，孩子与孩子之间就会相互问答，这样孩子与孩子之间的交往也就自然而然开始了。孩子们会很高兴地给别的小伙伴介绍自己的收集过程，说说自己的材料有什么不同的地方。在活动中，老师设计各种各样的问题，启发幼儿与同伴友好合作。如：合作绘画、合作游戏、合作制作等。

与其他人的交往。在与其他人交往的技巧中，作为幼儿老师的我们，在保证幼儿安全的情况下，可以带领幼儿走出幼儿园，试着与幼儿园之外的，各种不同工作的人展开交往，这样既可以锻炼幼儿的临场能力，也可以发挥出幼儿的最大潜能。

第八章　在集体活动中，追随幼儿，有效互动

在幼儿教育的实践中，教师需要借助集体活动的开展引领幼儿参与不同类型的活动，促使幼儿在愉快的集体活动中提升综合素养。我们借助艺术领域和科学领域中趣味集体活动的组织和实施，帮助幼儿拓展认知能力、提升实践能力和建立合作品质，培养出爱运动、会探究、有情趣的现代儿童。

第一节　结合科学与自然，培养探究能力

在科学领域集体活动的实施中，我们通过趣味化的科学实践活动，促使幼儿有效提升科学观察能力与强化集体合作能力。以下分享我们的三个科学主题活动。

○ 活动一：

八宝茶（科学—探）

时间：2021年12月14日　　　班级：大一班　　　执教：周佳安

【活动目标】

1. 能积极参与"八宝茶"的话题讨论，尝试为家人配制合适的八宝茶。

2. 感受粗浅的茶文化，体验配制八宝茶的快乐。

【活动准备】

物质准备：八宝茶的原料、盘子、杯子、养生壶、毛巾，装八宝茶的密封袋、记录纸、八宝茶原料卡片若干、PPT课件。

经验准备：已做关于茶的相关知识的调查表。

【活动过程】

一、激发对茶的兴趣

师：你们家里谁喜欢喝茶，喝什么茶？

小结：小朋友们认识的茶种类真多，真厉害。

二、通过视频了解茶文化

师：那你们知道泡茶的方法吗？（看视频）

小结：传统泡八宝茶的顺序方法：温杯——投茶——润茶——冲泡。

师：刚才的泡茶视频里泡了什么茶？（八宝茶）用了哪些材料？

三、了解八宝茶

1. 了解八宝茶的原料

师：老师也带来了一些泡茶的材料，去看看除了视频里有的，我们桌子上还多了什么？看一看、闻一闻、摸一摸，你认识哪些茶？

小结：这些都是泡八宝茶的原材料。

2. 了解八宝茶的来历

师：你们知道为什么要叫"八宝茶"吗？

小结：因为最开始它是由八样宝贝组成的，不过现在的"八宝茶"，有些人只用四种材料，有些人不止用八种，无论怎么搭配，适合自己的就好，这些不同的配方都可以叫"八宝茶"。

3. 配置不同配方的八宝茶

（1）观察图片1：胃口不好的小朋友

师：小朋友们，这个小朋友最近胃口不好，我们一起帮她调配一杯适合她喝的八宝茶吧。

小结：山楂可以开胃，所以八宝茶里面山楂要多放一点，其他可以少放一点。

（2）观察图片2：咳嗽喉咙不舒服的老师

师：给他配置八宝茶的话，什么要多加一点？

小结：罗汉果可以止咳，我们可以多加一些。

（3）观察图片3：皮肤不好的妈妈

师：妈妈最近皮肤不好，我们一起给她配置一杯变得美美的八宝茶吧！

小结：玫瑰花调配的八宝茶有美容养颜的功效！

小结：八宝茶是一种根据自己的喜好和身体的需要调配的养生茶，比如上火了可以多加一些菊花，比如手脚冰冷可以多加一些红枣补气血，重要的材料要加得多，其他的可以少一些。

四、配制八宝茶

师：请你们为自己的家人调配一杯适合他们喝的八宝茶吧！

提出调配要求：

（1）记录纸记录八宝茶的配方。

（2）根据记录纸调配八宝茶。

五、分享交流品尝八宝茶

1.刚才你是为谁配制的八宝茶，里面加了什么？为什么？

2.幼儿品尝八宝茶。

师：今天我也给我们小朋友调配了适合你们喝的八宝茶，请你们喝一喝。

师：这杯八宝茶喝起来是什么味道的？你们猜猜我里面主要加了什么？

师：我主要多加了核桃，让你们喝了变得更聪明！

小结：茶是中国的传统文化，喝茶对身体有好处。

延伸活动：和家人一起泡今天配制的八宝茶。

【活动反思】

皮亚杰曾经说过，"知识来源于动作，而非来源于物体"。根据自己多年的教学实践和探索，我认为在幼儿科学教育活动中，让幼儿亲自动手操作非常重要。幼儿亲自动手操作既可以培养幼儿学科学的兴趣，激发幼儿的好奇心，发展幼儿的自信心、主动性、独立性和创造性，又可以提高幼儿在科学教育活动中发现问题和解决问题的能力。

可以看出，本次"八宝茶"的活动设计中通过动手操作、思考、感官体验激发了幼儿的好奇心和自主性，培养了幼儿对科学活动探究的兴趣。

一、在操作活动中，培养幼儿学科学的兴趣，激发幼儿的好奇心

在进行科学教育活动时，运用实物、图片等各种材料让幼儿在操作活动中学习科学知识，既有利于帮助幼儿理解科普知识，又能增加课堂上练习的密度和广度。

像在"八宝茶"的活动中，幼儿先是通过图片认识了一些八宝茶的原材料，随后就发现除了这些材料，老师还带来了其他的材料，有的认识，有的不认识，孩子们你一言我一语地讨论，这个是什么，那个是什么。除了看还可以闻一闻、摸一摸。孩子们发现玫瑰花和菊花都有着淡淡的香味，不过玫瑰花很容易碎，要轻轻拿取，还发现茶叶有很多种形态，老师带来的茶叶就和图片里的不一样，有的卷起来有的直直的。同时也探索发现了新的材料"罗汉果"，不过去了壳以后又有点认不出来了。总之，孩子们自己去探索发现以后，在分享环节，我发现这些材料都给他们留下了深刻的印象，显然比起老师无实物乏味的讲解，用这个方法，幼儿更容易记住知识。

二、在操作活动中,培养幼儿学科学的自信心、独立性和创造性

在科学教育活动中让幼儿独立进行选择、独立操作,独立进行观察发现,有利于培养幼儿的自信心、独立性和创造性。

"八宝茶"的活动中充分体现了幼儿的自主独立性,把舞台还给幼儿,让幼儿去讨论发现,选择,操作。

比如在探究八宝茶不同的配方的时候,教师仅仅是通过创造了一些情境让幼儿自己去思考,不同的人适合什么配方的八宝茶,像是感冒的老师、皮肤干燥的妈妈,还有挑食的宝宝。传统的教育教学中,教师总是处于高控的状态,害怕孩子们出错,所以幼儿都是处于为了操作而操作的状态,没有体现充分的自主性。

而这次"八宝茶"的活动,从讨论八宝茶的配方,到为家人配制八宝茶,都是由幼儿去思考、搭配、配制。除了幼儿有困惑难以进行的时候,教师会去做引导,其他时候教师都是处于一个观察、发现和鼓励的状态。当幼儿在操作选择时有了新发现,及时去鼓励,"妈妈一定很感动你为她调制了八宝茶""这个材料你都认识,真是见多识广"。通过一些具体的夸奖,幼儿在操作中建立了自信心和独立性。一些比较害羞的幼儿,在独立操作中也越来越大胆,平时不敢分享,当有了自己的创造以后,也愿意和大家一起分享了。

三、在操作活动中,提高幼儿发现问题和解决问题的能力

幼儿动手操作,既可发现问题,解决问题,而且还能发现新的问题、发现别人没有发现的问题。

在"八宝茶"幼儿设计配方时发现提供的材料小卡片里有一些不确定的东西,他想找葡萄干,但是没有找到,在翻材料卡片的时候看到五颜六色一粒一粒的东西不知道是什么。"红色的像是枸杞,不过枸杞我刚刚看到过了呀。""那这肯定不是枸杞吧,我吃到过紫色的葡萄,也吃到过绿色的葡萄。""这个五颜六色的应该是葡萄干吧。"他通过自身经验和推论的方法猜测这个是他要找的葡萄干,其间教师只是在巡视在观察,并没有直接介入帮助,当他确定这就是他要找的以后向老师投来了需要肯定的目光。"没错,你学会了用排除法,这个的确是葡萄干,葡萄因为有各种颜色,所以晒干的葡萄干也有各种颜色的。"当孩子受到了鼓励和肯定,就越发自信了起来。

通过这个情节可以发现在操作中,不被打扰的情况下,幼儿更容易自己

发现问题，并且自己去解决，能力有了很大的提升。因为是集体操作，所以没有一个小朋友是旁观者，也没有一个孩子会说"我不会"，能力强的幼儿学习得更主动，更积极，发现的问题也更多。区别于个体操作展示，其他的幼儿都只是旁观者，就不会愿意去动脑筋了。

"八宝茶"中通过一次一次递进的操作环节，幼儿先是在情境中搭配八宝茶，认识八宝茶的材料和搭配方法，再去为家人抓配八宝茶，最后品尝教师为他们配制的独一无二的八宝茶，整个活动十分完整，有操作，有讨论，有分享，有品尝，能够充分调动幼儿的积极性，幼儿在操作和讨论中体验了中国的茶文化。

当然整个活动中也存在着一些不足，比如活动过程和课件没有同步进行，有的时候活动已经进行到下一个环节了，课件还没呈现。还有引导幼儿根据家人的情况调配八宝茶，重要的东西多加一些，其他的少加一些，把更多的注意力都关注在了重要的东西，其他的东西没有多加引导，其实可以引导幼儿思考加一些辅助的材料，比如葡萄干和冰糖可以增加甜味，芝麻可以让茶变得更香等，调配一杯喝起来好喝的还有功效的八宝茶。

抛去自己擅长的美术领域，这一年一直在科探领域探索，在幼儿科学教育中开展操作活动的实践使我深深体会到操作活动是开展幼儿科学教育活动的重要一环。如何使操作活动顺利展开，如何让幼儿主动地、有创造性地在"玩"中学习，教师要做充分的准备：

一是教师须仔细考虑，周密安排。从活动方案的生成，活动条件的创造，材料的准备，问题的提出，到幼儿探索过程中的切入，等等，都要经过深入细致的考虑，这样才能组织好幼儿的科学探索活动。

二是操作活动既是幼儿主动探索的过程，又是教师引导幼儿学科学的过程。在活动中，教师自身要以科学探索的浓厚兴趣来感染幼儿，并参与幼儿的操作活动。教师的参与会使幼儿感到亲切，会使幼儿感到大家都是平等的，产生被尊重感，心理得到自由释放，因而就会集中精力，积极地去尝试、去探索。

三是为保证操作活动得以顺利展开，教师必须具有广博的知识，要不断学习，不断更新，这样才能真正指导幼儿的活动。

四是教师要克服怕麻烦的思想。在幼儿科学教育活动中，开展操作活动需要教师为幼儿提供大量的物质材料，花费大量的精力和时间，任何一丝一毫的怕麻烦的思想都会影响操作活动的开展。

最后，教师还要注意观察，积累经验，不断总结深化。这样才能更好地推动幼儿的科学教育活动的开展。

附：活动照片

○ **活动二：**

不能失去你（科学—探）

时间：2021年10月11日　　　　班级：大一班　　　　执教：谈军妹

【活动目标】

1. 知道大熊猫是我们的国宝，能用自己的方式保护大熊猫。

2.进一步引发探究大熊猫的秘密，萌发关爱动物的情感。

【活动准备】

1.前期经验准备（幼儿已有大熊猫的相关经验）

2.课件、视频、幼儿操作材料

【活动流程】

一、导入交流

师：这段时间我们一直在研究大熊猫，你在哪里见过大熊猫，对于大熊猫你知道些什么？

根据孩子的回答教师利用思维导图进行梳理提升。

小结：小朋友在动物园、电影、电视或图书中见过大熊猫。大熊猫形体美丽，动作有趣，性情温雅，可供大家观赏，是我们和世界人民喜爱的动物，还是我们的国宝。

二、讨论交流（了解大熊猫的生存状态及大熊猫的珍贵）

1.大熊猫为什么是国宝？（播放视频）

小结：数量稀少的濒危动物，是动物界的活化石，为了生存改变自己，食肉转化为吃竹子。担任和平使者，深受全世界人民的喜爱，世界上只有中国才有，常常作为珍贵的礼物送给外国的朋友们，所以我们称它为"国宝"。

2.了解大熊猫的生存现状，关心爱护大熊猫。

3.教师扮演大熊猫哭，幼儿问："大熊猫、大熊猫，你为什么哭啊？"

4.大熊猫语音："我的伙伴越来越少了。"

为什么为越来越少？幼儿讨论发表自己的观点。

小结原因：第一，因为大熊猫的珍贵，有人会捕杀大熊猫；第二，人类对森林和环境的破坏，使大熊猫没有了家，没有喜爱的食物，所以大熊猫越来越少了；第三，大熊猫妈妈生宝宝不多，有的又不容易存活，所以越来越少。

三、拯救大熊猫

师：大熊猫是我们的朋友，我们应该怎么来保护它们？

用绘画的方式保护大熊猫。

分享交流，你用什么办法保护大熊猫。

教师利用课件帮助梳理现有保护大熊猫的办法。

四、延伸活动：找找身边的大熊猫物品

师：大熊猫是我们的国宝，我们的生活中离不开大熊猫。

如北京奥运会的福娃晶晶是大熊猫，我们的和平使者图标也是大熊猫，除了这些你还看到在我们生活周围还有哪些关于大熊猫的物品或者图案？我们一起去找找吧！下次来进行交流，完成我们的展板，让其他班级小朋友也了解。

【活动反思】

一、基于儿童视角活动内容的选择，注重对孩子年龄和经验的把握

一个优质的集体教学活动是建立在孩子发展需要的基础上的，教师首先要了解这个年龄段的孩子需要什么，怎么样的活动能够满足这个年龄段孩子的需要，环节与环节的衔接需要运用哪些方式，孩子的前期经验有多少，在教师了解到这些情况以后，根据孩子们的特点再设计活动的环节。

《幼儿园教育指导纲要(试行)》明确指出，"幼儿园科学教育是启蒙教育，重在激发幼儿的认识兴趣和探究欲望"，教师"要尽量创造条件，让幼儿实际参加探究活动，使他们感受科学探究的过程和方法，体验发现的乐趣"。

随着主题的不断推进，孩子们对于大熊猫的经验越来越丰富，如大熊猫外形特征、大熊猫的习性、大熊猫是国宝等或多或少有了不同程度的了解，在此期间我们进行了集体活动"可爱的熊猫"，音乐活动"熊猫咪咪"、美术活动"大熊猫"及语言活动"大熊猫旅行记"等。基于对孩子前期经验的了解，我想在主题收尾阶段有必要开展这样一次集体活动"不能失去你"。引发幼儿更好地关注大熊猫的生存环境，有主动保护的意识。进一步萌发积极探究大熊猫的秘密，知道它的珍贵及与人们生活的关系。

二、基于儿童视角的环境和材料准备，使之成为活动的催化剂

在一个高结构活动中，环境的创设和材料的投放同样有着举足轻重的地位，教师在活动环节设计中要思考创设一个什么样的环境能够推进活动的发展，怎样让活动与环境有效结合起来，让环境成为活动的一个亮点和催化剂。活动中材料的呈现方式，怎样使环节更加流畅和自然，怎样的呈现方式最能被孩子接受，为推动活动发展而不是影响活动。幼儿操作材料的准备、课件的准备、视频准备、互动图片的准备、最后延伸展板的准备，及幼儿操作材料的准备都需要教师精心的设计和思考。

三、基于幼儿视角出发设计和实施，体现过程性、实践性和自主性

活动基于幼儿的已有经验，通过活动的演绎让幼儿获得新经验，助推幼儿思维的发展；活动第一环节利用思维导图回忆梳理前期经验——第二环节讨论国宝的珍贵及其生存状态,激发孩子保护大熊猫的情感——第三环节用自己的方式关爱大熊猫——最后延伸环节通过用展板的形式进一步引发孩子对大熊猫文化的关注和兴趣。整个活动从已有经验出发,听懂幼儿语言,理解幼儿思维,看懂幼儿行为,促进师生关系,提升教学质量为前提,较好地完成了活动目标。

四、基于儿童视角的师幼互动,给予幼儿充分表达的机会

教师在活动中的回应和与幼儿的互动是活动成功的一大关键,是非常重要的。在设计活动前教师就应该在提问上花工夫,教师应该先预想到孩子会怎样做出回答,教师应该如何去接应孩子的话,怎样把孩子的零散经验进行小结和提升,这对活动环节的推进有着十分重要的影响。如,对于大熊猫你知道些什么呀?问题非常开放,如果老师没有精心的预设,可能孩子的回答比较散,教师的回应可能相应会重复或者是一般的鼓励。但是我利用思维导图的方式有效弥补了这种尴尬。当幼儿说大熊猫有黑白颜色、有圆圆的脑袋,我很顺利地回应道:"哦,你说的是大熊猫的特征。"

当然活动也不是尽善尽美,还存在一些问题和不足:教师如何进一步基于幼儿经验解决活动重难点,以及小结梳理中如何呈现更清晰明了,更有利于帮助孩子提升经验。就是回应梳理要更精准更到位! 同时视频内容的取舍方面还要做深入思考,才更有利于孩子的发展。

附:活动照片

○ 活 动 三：

种子排队（科学—数）

时间：2019年11月　　　　班级：大三班　　　　执教：谈军妹

【活动目标】

1. 尝试将收集的种子进行排列，并做记录。

2. 初步感知物体的大小、排列长短与种子数量的关系。

【活动准备】

1. 幼儿人手一份种子（蚕豆、丝瓜籽、芸豆各8颗）。

2. 纸板。

【活动过程】

活动流程：引起兴趣——第一次探索——第二次探索——迁移应用。

一、引起兴趣

参观种子世界（有趣的种子），引起幼儿兴趣。

师：看看桌上有什么？幼：蚕豆、丝瓜籽、芸豆。

师：它们有一个共同的名字叫什么？幼：种子。

二、第一次探索活动：（感知数量相同，大小不一的种子，排列长短不一样）

1. 讲解操作要领

师：现在请你们做件事，给这些种子分分家（出示图片）。请你们猜猜第一条线上排什么？为什么？

师：那第二、第三条线呢？

幼：芸豆、丝瓜。

师:排队的时候要从起点开始,一个靠着一个,让它们躺在线上。三个全排完了,不要收,数一数,把数字记到前面的格子中。

2. 幼儿操作,用种子在纸板上排队

3. 请幼儿讲述排列结果

师:从排队的情况看你发现了什么?

师:蚕豆有几颗? 芸豆呢? 它们都是8颗吗? 那它们排的队伍一样长吗? 讨论为什么都是8颗,队伍不一样长呢?

师:相同数量的种子,颗粒越小,排列越短,颗粒越大,排列越长。

三、第二次探索活动:(感知大小不一的种子,排列长短相同时,数量不同)

1. 请幼儿观察记录表,想想我们怎么排队?

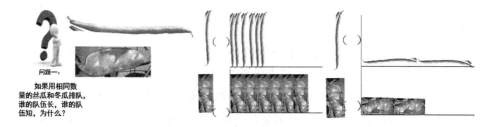

问题一:
如果用相同数量的丝瓜和冬瓜排队,谁的队伍长,谁的队伍短,为什么?

小结:要从起点开始,排到终点。并且要一个一个紧挨排队,最后记录下数量。

2. 设疑、引导幼儿思考

师:不同的种子在这三条一样长的线上排队,想想,它们用的数量会不会一样多?

3. 交代探索要求,幼儿操作

师:请你们用不同的种子分别在三条一样长的线上排列,看看它们用的数量到底会不会一样多呢?

4. 讲述操作结果

5. 讨论"为什么排一样长的队伍时,红豆用得最多,蚕豆用得最少呢?"

6. 小结:队伍一样长时,小种子用得多,大种子用得少。

四、迁移引用

1. 师手拿扁豆、刀豆,提问a:如果用相同数量的扁豆和刀豆排队,谁的队伍长,谁的队伍短,为什么? 提问b:让它们排一样长的队伍,扁豆和刀豆谁用得多？为什么？

2. 游戏：走小路

老师和幼儿一起从线起点处脚跟对脚尖走到终点线，数数你用了几步？为什么老师用的步子少，你们用的多呢？（老师脚大，用的步子少；幼儿脚小，用的步子多）

3. 幼儿两两进行走线的游戏，来判断脚的大小

【活动反思】

一、活动选材贴近幼儿生活实际

秋天是丰收的季节，各种植物都成熟了，并留下了结实的种子，留待来年再播种。班内开展了"收集种子"的活动，小朋友们都带来了自己收集的种子：蚕豆的种子、玉米的种子、葵花的种子、黄豆的种子、赤豆的种子……

小朋友们围在一起，讨论着谁带的种子是最大的，谁带的种子是最小的，谁带的种子颜色是最好看的？还有小朋友在用种子做着排队的游戏……

大班幼儿对比较物体的大小、颜色、形状都有一定经验，但对物体的大小、排列长短与数量的关系，却不是很清晰，基于幼儿的经验和需要，选择了蚕豆、芸豆、丝瓜籽三种特征比较明显的种子，让幼儿观察，发现其中的不同，因为是实物，所以观察起来更直观，更容易辨认。

二、活动过程基于研讨，不断思考和调整

本次是活动的第二研，针对第一研中出现的问题我做了如下的调整。

一是在操作前，我先请孩子讨论怎么样是"排整齐"，如种子立正站好或者躺着，一个挨着一个，了解了排列方法以后再进行排列。所以这里的提问调整为：看看记录表，谁来解读一下要我们做些什么？我们怎么给种子排队？怎么才能排整齐？现在要给它们排队，也要和标记一样躺着排队，行吗？而且要从起点开始排整齐，一个紧挨一个，让它们躺在线上。三个全排完了，不要收，数一数，把数字记到前面的格子中。

二是调整操作纸将排列的距离缩短，使孩子排队的时间缩短，种子数量减少，便于在一定时间内完成操作，使幼儿能更充分地表达自己的操作结果和发现。

三是把课件里的冬瓜和丝瓜调换成扁豆和刀豆，因为变量因素太多，不

利于幼儿进行逻辑推理和思考。

四是教师的语言还需要更加清晰和简洁明了。如第二次探索教师的提问就相对比较啰唆，条理不清晰。调整为：看到这张记录表，谁来说说我们应该怎样排队？让幼儿在观察讨论的基础上了解操作规则和操作要求。从起点用不同的种子在三条线上一个一个紧挨横着排队，排好后数数各用了多少并记录下来。

三、活动环节由易到难，层层推进

第一次操作前在分析如何排队时，我通过追问，引发幼儿对记录表的进一步思考，知道排队要从起点到终点排列，让幼儿操作时思路更清晰，第一次的交流中，通过引导提醒得出有效结论：相同数量的种子，大小不同，所排列的队伍也有不同。第二次操作时，在一样长的线上排队，幼儿通过实践操作发现大小不同的种子排列数量也有不同，种子大的排列数量少，种子小的排列数量多，之后是拓展丰富幼儿的经验。通过横竖不同排列刀豆和扁豆，让幼儿明白从不同角度看事物，会有不同的发现。

总体来说，无论提问、追问还是小结过渡，都很好地为目标服务。

附：活动照片

第二节 链接艺术与生活,实现美育生活化

在集体活动的实施中,我们通过音乐与美术两大艺术形式,促使幼儿在观察、欣赏、体验和践行中逐步建立参与艺术活动的兴趣,也强化艺术表现能力。同时,集体活动可以减少幼儿在艺术实践活动中的畏难情绪,引领幼儿在愉快的集体、小组合作中共同参与活动。以下分享我们的三个艺术主题活动。

○ *活动一:*

神奇的竹筒(艺术—音)

时间:2019年6月19日　　　地点:活动室　　　执教:胡斌

【活动目标】

1. 学看图谱,运用敲击竹筒等方法演奏歌曲的基本节奏,尝试使用休止符对歌曲节奏进行改编。

2. 愿意积极动脑解决问题,体验小组合作用竹筒演奏的快乐,进一步丰富审美体验。

【活动准备】

1. 表现故事情节的PPT,乐曲《掀起你的盖头来》。

2. 节奏图谱,幼儿人手一个竹筒。

【活动过程】

一、节奏导入引出故事

1. 节奏问好

2. 引出故事,激发倾听愿望

提问:小凯为什么喜欢这儿?

二、感受旋律初步体验

1. 讲述故事情节一

提问:小凯为什么喜欢和爸爸在一起?为什么每天傍晚时分是小凯最快乐的时候?

2. 幼儿人手一个竹筒，用敲打竹筒等方法初步体验节奏型。

三、学看图谱尝试演奏

1. 讲述故事情节二

提问：小凯怎么了？为什么每天傍晚时分是小凯最难过的时候？你们有什么好办法帮助小凯吗？

2. 讲述故事情节三

提问：谁能告诉小凯信封里的字条上面写了什么？表示什么意思？

小结：第一封信爸爸告诉小凯看到红色的节奏要用鼓棒敲竹筒，看到黄色的节奏摇竹筒。

提问：那再来看看第二封信里面写了什么呢？

小结：第二封信里面告诉我们敲打竹筒的节奏是有变化的，同时第一排要敲两遍。

提问：那么第三封信里面写的是什么呢？我们分成3组分别去看看第三封信里面藏着什么秘密！如果你看懂了信里面的内容，试一试听着音乐来玩玩竹筒。每组请一个代表用一句或者几句话来概括信里面的内容。

小结：原来第三封信需要结合第一封和第二封信看，我们看着爸爸写给小凯的图谱也来玩玩神奇的竹筒吧！

四、节奏改编体验合作

1. 讲述故事情节四

提问：看看有什么新玩法呢？这张图谱有什么不同呢？

小结：没有节奏的地方表示空拍，遇到空拍时我们就不需要演奏，停止下来。我们一起来试一下！

2. 小组尝试改编

3. 小组合作演奏

小结：孩子们，我们和小凯一样都在长大，长大了就会用许多好办法解决身边发生的事情，让自己快乐、充实。

【活动反思】

大班的音乐活动"神奇的竹筒"活动分几次进行音乐节奏的欣赏及感受。第一次音乐出现"爸爸总能用音乐给小凯带来快乐"，边说边用竹筒演示，让孩子体会音乐的魅力，形成立体的欣赏氛围。第二次音乐出现反映小凯失落忧伤的心情。第三次音乐出现帮助小凯看懂图谱并在尝试的过程中，体会帮助小凯遇事动脑筋的快乐。第四次音乐出现，小凯把周围小朋友吸引过来，和小凯一起玩节奏改编，在这个过程中体验共同演奏的快乐，感受故事中"竹筒"的神奇。

在选择音乐的时候，发现音乐《掀起你的盖头来》是二拍子，节奏欢快热情，符合爸爸和小凯一起玩音乐时候的心情，而音乐本身具有民族特色，符合爸爸和小凯生活的地方——小乡村的生活背景。

整个活动呈现以下几个方面的特点：

一是领域整合，设计巧妙。

《神奇的竹筒》改编自《爸爸的手鼓》，是借助绘本为载体的音乐节奏活动。在看绘本《神奇的竹筒》中发现，整个故事是以"玩竹筒"贯穿始末的，操作过程中对幼儿进行点拨引导，不急于得到答案，重在引导幼儿如何运用好办法调节情绪解决问题。另外，老师注意讲清要求，层层推进，支持幼儿顺利完成任务，也向幼儿传递音乐带来的快乐，体会与同伴之间合作的乐趣。

二是等待设疑，引导探索。

大班幼儿的学习方式日趋主动，引导幼儿观察、提出疑问和设想等多种方式，帮助幼儿通过尝试和体验，以自己的方式建构知识，获得多方面的发展尤为重要。如：本次活动层层深入提问："谁能告诉小凯信封里的字条上面写了什么？表示什么意思？""那再来看看第二封信里面写了什么呢？""那么第三封信里面写的是什么呢？"引导幼儿观察信里面的关键信息，解读信中图谱的意思，使问题一层层剥开得到解决。

三是挖掘提升，推进发展。

在活动中，教师发挥引导性，使个体经验转化为集体经验，在互动中挖掘幼儿思维火花，共同分享，进行有效的信息传递，使个体借鉴别人经验后有更高层次的再创造。例如：在最后的环节，老师先集体操作创编，然后请几位节奏比较稳定，并且创编出不同节奏的幼儿与大家分享，给予其他幼儿启示，于是在分散小组合作改编的时候，孩子们又变化出了很多不同的节奏型。

附：活动照片

○ 活动二：

丰收的桃园（艺术—美）

时间：2019年6月13日　　　班级：大一班　　　执教：沈佳

【活动目标】

1. 尝试运用水粉画的形式表现出桃子成熟的景象。

2. 积极参与美术表现，体验桃园丰收的喜悦。

【活动准备】

1. 参观桃林。

2. 作画工具：纸、水粉笔、颜料、水桶、毛巾、反穿衣。

【活动过程】

一、谈话导入（回忆参观桃园的经验，引发幼儿兴趣）

春天的时候我们参观了美丽的桃园，还记得是什么样吗？这次我们又一起来到了桃园，谁来说说桃园里发生了什么变化？

小结：桃花已经从树上凋谢，桃叶开始茂盛，里面长出一颗颗绿油油的小桃子，它们一个一个，躲在桃叶里面。接下来，桃树上会发生什么变化呢？

观看PPT，提问：你看到的桃树发生了哪些变化？

小结：春天的时候，桃花开放了，经过两个月，桃花慢慢凋谢，桃叶开始茂盛,开桃花的地方长出了一颗颗绿绿的小桃子,经过三个月,小桃子慢慢长大变成熟,桃子丰收了。

二、欣赏讨论(欣赏讨论如何画桃树)

桃子丰收了,把丰收的桃树画下来吧!可以怎么画?先画什么?然后画什么?

小结:先画桃树的树干,下面粗上面细;然后画桃叶,一簇一簇生长在一起;最后,画桃子,一个一个长在桃叶中,桃子成熟了。

最后,我们把我们的桃树贴在桃园里,桃树前前后后生在一起,桃园丰收了。

三、展示交流(表达、欣赏自己和他人的作品)

幼儿绘画,教师巡回指导。

1.桃园里,桃子丰收了,我们一起来拍张照片吧。

幼儿作品展示。

2.说说自己喜欢哪一幅?为什么?

四、活动延伸(联系自己家乡特产)

桃子是我们家乡南汇的特产,尤其是南汇的水蜜桃,那是汁水多,皮儿薄。下次我们一起去桃园摘桃子品桃吧!

【活动反思】

活动之前,孩子们前期已经开展了现场教学"桃园写生"活动,对桃树的形态特征,有了一定的认识,但是幼儿没有系统地认识桃子是如何生长成熟。于是,我就设计了这次的教学活动。在目标制定上体现适宜性目标是活动的起点与归宿。它的科学性十分重要,老师在说课时呈现的目标设定充分考虑大班孩子的年龄特点、发展方向、最近发展区,体现了适宜性。重难点的定位恰当。如,重点:尝试水粉颜料表现作品。难点:表现桃树丰收的景象。

在整个教学活动中,孩子们能较容易达到我预设的目标,能够认识桃树的生长变化,通过水粉画的形式来画出桃园丰收的情景。活动的第一环节主要是让幼儿感受桃树的变化,了解桃子的成长过程;第二环节,主要是在欣赏的前提下,了解如何创作一棵桃树;最后就是感受桃树丰收的喜悦,认识桃子是我们家乡的特产。

经过教师们的集体研讨，我对大班美术活动有了更新一层次的认识。此次的活动中，绘画桃树的过程限制了幼儿的想象发展，孩子们在之后的绘画中也是按照我的教授方式进行，美术活动教师的范画束缚了幼儿的创造性思维，这个传统教学模式又是幼儿被动的学习过程，孩子们在自己的活动中没有创造力的发挥，往往是通过老师的范例描述按部就班进行，所以此次活动的作品中没有创造性的火花产生，是比较遗憾的。通过吕老师的点评，我反思到幼儿园美术教育的方法应该尊重每个孩子个体独特的表达，着重让孩子发挥想象力进行创作，那么在集体美术教学活动中我们该怎么做？

第一，不宜提供"范画"，但应提供孩子感受真实事物的机会。以这次的桃子为例，我的美术活动的做法是：首先让孩子说说认识的桃树，以及桃树的成长变化，其次是播放示范画丰收的桃树，最后是让孩子自己作画。在这样的教法下，孩子的作品"千人一面"是可想而知的。

现今站在《指南》的背景下，我们的做法是：首先，不应将其作为单一的一个美术活动孤立地开展，而是应将其作为主题实施中一连串活动中的某一个。比如：开展"桃园"的主题活动，前期幼儿与家长一起通过各种途径，收集了有关桃园的各种资料，布置在墙面。中期利用实践外出活动，老师又与孩子一起游览了桃园，欣赏了桃树的变化。在此过程中，孩子真切地欣赏到了桃树，亲身体验、感受到了桃子的成长变化，并产生强烈的表达愿望。于是后期，针对大班孩子的表征特点，老师通过一个集体活动，让幼儿运用绘画表征的方式再现丰收的桃园。活动中，可用视频、照片等方式让孩子直观感受丰收的桃树，并通过语言、符号等多种方式让孩子表达对桃树美的感受，继而请孩子用自己喜欢的方式进行表征。在这样的过程中，孩子表现的是自己心目中的那棵树，每个孩子的作品必然独一无二。所以，只有让孩子产生强烈的对事物"美"的认同感，才能激发孩子深切的表达愿望，才能让孩子言之有物、有"画"可说。这是我们从《指南》中感悟到的。

第二，绘画工具的使用体现合理性。美术绘画活动注重幼儿使用绘画工具的良好操作习惯、卫生习惯的培养。要培养好这两种习惯，老师提供的绘画工具要考虑合理性。事先为每桌有序、整洁地摆放好颜料、画笔、纸巾，为幼儿营造了一个干净的绘画环境。绘画活动中，老师在做教学准备时，操作工具能摆放得艺术，其实是能为孩子的良好绘画习惯培养起到很好的暗示作用的。老师在幼儿绘画环节，每一个细节动作都注重了对孩子良好绘画习惯的培养，如：将笔上沾的多余颜料轻轻刮在颜料瓶颈，防止颜料洒落在地上、桌面上。细节往往是孩子潜移默化学习的重要地方，老师注重细节式的操作方式充分体现了绘画工具使用的合理性。

第三，不简单用"像不像、好不好"等成人的标准来评价，但可以在幼儿遇到困难时给予个别指导与帮助。在幼儿作画期间，老师不应将幼儿美术表征的技能作为评价的唯一标准，而是应给予鼓励与肯定，鼓励孩子大胆作画，肯定孩子的独特表达，并注意倾听孩子的感受与想法。若孩子的作画过程中遇到困难，即其技能上的不足阻碍了他们的表达时，老师要及时发现并给予技能上的支持支撑。比如，孩子在添画的时候，个别孩子可能希望表现在水边戏水的情景，但是不知道该如何表现弯下腰的人物，求助于老师，老师就可以进行指导，如"腰先弯一弯、腿再弯一弯，小朋友就够得着水面啦！"在需求的基础上推动发展，这样的"技能"是有价值的，是为孩子的表达服务的，是能被孩子主动习得的。所以一言概之，幼儿美术的技能不是为了"教"而"教"，而是应建立在孩子需求基础上的顺应与推动。美术活动是宣泄孩子对事物强烈感受体验的载体之一，美术技能是为了让孩子更为顺畅地表达内心的独特感受与体验。

附：活动照片

○ 活动三：

桃花朵朵开（艺术—美）

时间：2019年4月3日　　　地点：桃园　　　执教：丁文菁

【活动目标】

1. 尝试运用写生的绘画方式表现出桃花和桃树的主要特征。

2. 体验写生绘画的乐趣、感受桃林的美丽。

【活动准备】

1. 参观桃林。

2. 作画工具：画板、宣纸、毛笔、颜料、墨汁、水桶、毛巾、反穿衣。

【活动过程】

一、谈话导入

1. 师：看看我们今天来到了什么地方呀？现在，我们先一起来欣赏一下美丽的桃林吧。

（1）桃树长得怎么样呢？

（2）桃树的树干和树枝是怎么样的？

（3）桃花是什么颜色的？

（4）桃花有几片花瓣？

（5）中间的花蕊是什么颜色？

小结：桃树的树干是矮矮的，像手臂一样张开，上面还有细细的树枝，树枝上有一朵朵粉色的桃花,每朵桃花有5片花瓣,中间有黄色的花蕊。

2.师:我们看了这么漂亮的桃园,你的心里是怎么想的?

幼儿相互交流自己对桃花的认识和感受。

师:你最喜欢哪一棵桃树?这么美的桃花,这么美的桃园,我们要用自己手中的画笔把它永远留在我们的教室里,好不好?

二、局部观察感知,讨论画法

1.师:今天,我们要一起用写生的方法来画一画我们看到的这片桃林。你们知道什么是写生吗?

小结:写生就是通过直接面对面观察,把你所看到的实物直接用画笔描绘出来。

2.师:你们看到的桃树是由哪几部分组成的?

3.师:你想怎么样来画这棵桃树?

小结:先画粗粗的树干,再画分散的树枝,接着画桃花和树叶,桃树上桃花比较多,树叶比较少,看起来一整片都是粉红的。

4.师:我们来看看今天的绘画工具有什么特别?

小结:今天的绘画工具是毛笔,老师给每个人提供了两支毛笔,一支用来画黑黑的树干和树枝,一支用来画美丽的桃花。

师:现在就请你们选一棵自己喜欢的桃树来画一画吧。

三、幼儿尝试写生画,教师巡视指导

1.引导幼儿大胆作画,要求画出桃树的主要结构。

2.鼓励幼儿画一整片桃树,画面干净整洁,感受水墨画的美。

四、表现表达

1.让每个幼儿把自己画的桃花树分组排好,供大家欣赏。

2.说说自己喜欢哪一幅?为什么?

3.你刚才观察的是哪一棵,和你画中的桃树一样吗?

五、活动延伸

今天我们来到了桃林里,小朋友画的桃花都特别美丽,让我们一起去好好玩玩吧!

【活动反思】

人们都说"大自然是最好的课堂"。在幼儿园教育中,首先要让孩子们回归大自然，才能在大自然中生活、学习以至于得到更好的发展。孩子们只有真正做到认识大自然、接触大自然，才能去喜爱大自然。大自然是培养观察力的广阔天地，它可以带来无穷的知识和乐趣。

最近，幼儿园附近的桃花竞相开放，正是赏花的好去处。所以这一次，我把教室搬到了大自然里，让孩子们身临其境地感受桃树、桃花的美。走进大自然中，孩子们无时无刻不充满着好奇，他们会问道："桃树原来是这样的呀？桃树怎么矮矮的呀？桃花好漂亮呀，是一瓣一瓣的。"对于孩子们来说他们对大自然充满好奇。

这次活动，我运用了写生的方式，这也符合大班幼儿年龄特点，我想通过最直观的观察，让孩子了解桃花桃树的生长特点。这次桃林写生的优点和亮点在于直接在户外桃林进行写生绘画，能让孩子更直观更近距离地去观察，并通过绘画的方式将自己观察到的桃花和桃树，以及亲眼发现的桃林在画纸上呈现出来。

作为教师，在幼儿操作过程中，我起到引导、点拨、启发、激励的作用。在这次活动中，孩子们的兴趣很高，活动进行得很顺利。在活动过程中，孩子的关注度和持久性也颇高，最后的作品呈现也漂亮得出乎意料，各有各的美。

此次赏花探春活动，充分抓住了自然教育契机，激发了幼儿探究大自然的欲望，提升了幼儿对美的感受力、观察力和表现力，使幼儿获得情感的体验、智慧的启迪，在促进幼儿身心和谐发展方面起到了积极的作用。

通过本次的活动，我更清楚地意识到孩子的兴趣是最为关键的，老师应该抓住孩子的兴趣，然后选择材料，让活动丰富多彩。希望以后可以有更多的机会带领孩子走进大自然，感受大自然的美。

附：活动照片

第九章 在家园共育中，互助协作，和谐创生

家园共育就是指家庭与幼儿园之间相互配合,使得家庭、幼儿园、幼儿三者能够更紧密地联系在一起。在开展主题活动时,应该多从实际生活出发,先确定一个主要枝干,再由主干引出相应小枝干。只有两者密切结合才有可能把家园互动最大的潜能挖掘出来。本章节,我们思考在"百草园"课程的实施过程中,如何最大限度地发挥家长的作用,形成家园教育合力,使得幼儿园和家庭互助协作,和谐创生。

第一节　构建家园共育的策略，加强互动效果

《幼儿园教育指导纲要》明确指出："幼儿园应与家庭、与社区密切合作，与小学相互衔接，综合利用各种教育资源，共同为幼儿的发展创造良好的条件。"所以说，幼儿园教育不是幼儿园单方面的教育。家庭所蕴含的教育资源是极其丰富而多元的，在幼儿园的课程实施过程中，如果能够充分而有效地开发和利用这些资源，最大限度地发挥其作用，形成教育合力，必将对幼儿园课程的建设和实施起到极大的推动作用。

下面以大班"稻米飘香"主题活动为例，分享我们家园共育中的实践策略，提高家长参与"百草园"课程活动的积极性，真正让孩子的学习看得见。

一、传递幼儿"百草园"主题情愫、家园共育环环相扣

为提高家长对幼儿教育的科学认识，达成指导共识，形成教育合力，幼儿园创办了"百草园"家长社团，从新生家长会开始建立相互信任基础。班级家长活动共建、家长委员会民主产生和主题式亲子活动，始终向家长传递着"以人为本，乐行百草园，成长你我他"幼儿"百草园"主题及家园合作发展理念。

（一）新生家长会全面呈现主题推进整体架构

新生家长会是家园正式建立起互信链接的良好开端。

幼儿园领导和家教组成员会不失时机向家长分享幼儿"百草园"主题活动的理念和发展方向，介绍幼儿"百草园"主题活动的目标体系，明确一日活动中课程实施的渠道和课程活动安排等，让家长对幼儿"百草园"主题活动实施的主要内容和活动形式有初步的了解和整体的认识。

如开学初教师就针对班级的实际和孩子的兴趣，拟订了初步的"稻米飘香"主题推进计划，让家长了解其活动内容、推进的途径和方法及家园合作的

相关内容,为主题的顺利推进做了前期的铺垫。

(二)班级家园共建活动传达主题计划心声

学期初,家园近距离沟通,让原本有距离的家园,开启了目标一致、要求通畅、亲切友好的合作开端。同时对于班级家长共建活动,幼儿"百草园"主题活动内容重点宣传和介绍,则让家长真正了解幼儿"百草园"主题活动,究竟做些什么,以什么形式开展,家长应如何自主有效参与家园亲子合作,给予明确而有方向、注重方法的指导。

如"稻米飘香"主题活动开展来自于开学自然角里育秧苗中孩子一场小小的讨论,引发了孩子对水稻的诸多问题:生长过程、大米哪里来、米的品种、米制品。

图一:孩子们关于水稻的问题记录

对于孩子诸多的问题,我们老师心中初步形成了水稻的主题网络。在新学期的家长会上,老师介绍了这一"稻米飘香"主题活动计划的框架,并要求家长积极参与。

第一站,亲子参观活动(9月—10月底,自主参观稻田)。第二站,小组活动探究。分为两组:一组探究水稻的生长过程,一组探究大米哪里来。第三站,集体活动:体验丰收。亲子参观稻田和拾稻穗活动及现场集体活动认识水稻。第四站,小组活动:超市辨米。第五站,小组活动:寻找米制品。

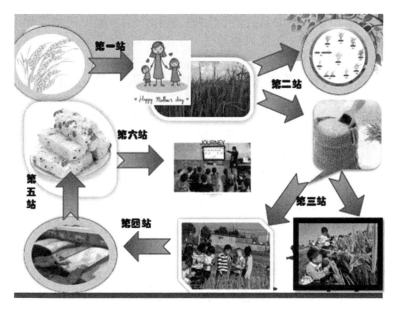

图二："稻米飘香"主题活动计划的框架

图三：组建微信群，推进项目的开展

　　这样一个主题推进计划都是基于孩子的兴趣和需要，我们告知家长小组活动都是孩子自主报名参与，每组10人，第一个报名的任调查组组长，于是就成立了四个调查小组。家长会后我们又召集担任组长的家长召开了这次主题的推进计划和方法讨论会,让每组的家长和孩子一起组建微信群、一起开展小组调查活动。

二、家园共育,开展多种多样的幼儿"百草园"主题活动

(一)开展形式多样的亲子活动,丰富"百草园"内容

在幼儿园的活动中,教师会开展半日或者一日的亲子活动。因为亲子活动是幼儿教育中一个重要的部分,可以给孩子和家长建立一个舒适的环境,拉近孩子、家长、教师之间的距离,同时,这样的活动会对家长们起到良好的作用,使他们进一步了解孩子在幼儿园各方面的情况,以便更好地在家园沟通中发挥良好的作用,实现家园共育,加深家长与孩子之间的感情交流。

在"稻米飘香"主题开展中,我们开展了亲子调查、参观和实践活动。如在第一站"找寻水稻"的活动中,在家长会任务布置下达的那一天后,微信不断提醒有消息,看到孩子参观的照片,听到孩子有关水稻的认识。

图四:孩子们的发现　　　　　　图五:参观后的亲子对话

找寻水稻的过程经历了两个月的时间,水稻从大秧苗到抽穗开花再到逐渐成熟的整个过程。虽然孩子没有每个时节去亲历体验,但是由于每次的分享和交流,孩子们对这一过程是了解的、熟悉的,特别是我们家长的参与,更加丰富了孩子们有关水稻知识的认识。

(二)建好"家园特色栏",多途径多侧面了解主题开展轨迹

家园共育栏是幼儿园必不可少的环境创设部分之一,它是教师和家长沟通的桥梁,是为了促进教师与家长的及时沟通,让家长更清楚地了解幼儿在园情况,幼儿园活动开展情况。

在"家园特色栏"中我们创设了"稻米飘香"特色主题专栏,及时传递主

题推进每一步的轨迹，让孩子和家长及时了解主题发展的动态，也吸引家长参与到主题开展中，更好地实现共同教育幼儿的目的。

在"稻米飘香"主题活动中，我们创设了家园立交桥特色栏的主题环境，动态地呈现了主题推进中的每一步实施轨迹，既有亲子的、集体的、小组的，也有个体的。相关的四个小组的10位孩子在家长的帮助下一起完成了海报，展示在经验分享专栏，将个体的经验转化为集体的经验，同时每组微信群经验共享，交流调查探究的过程。

（三）组织家长开放活动，融入参与"百草园"主题活动

家长开放活动是家长与幼儿及家长和老师进行一种面对面的相互交流的活动。这种互动交流可以让父母对孩子们的一日活动更加了解。了解幼儿园教师的教授能力，同时也让幼儿园清晰地呈现在家长面前。开放活动以多种形式进行，与生活贴切，这样让家长更亲近自如地参与到活动中来。

如在幼儿"百草园"主题活动的中期，我们会邀请家长一起参与到我们集体活动中，了解孩子、了解老师，更是了解幼儿"百草园"主题开展的情况。

在"稻米飘香"主题中，我们老师在稻田现场展示了科学集体活动"认识水稻"，通过孩子观察、解剖、区分水稻的根、茎、叶、果实，进一步梳理植物特点。通过解剖水稻茎,知道茎是空的→吹一下像吸管→捏上去软软的→主要作用是输送营养,也从水稻的功用中感知农作物的概念,知道要爱惜粮食。

（四）进行沙龙研讨,共建幼儿"百草园"主题活动

我们开展了家园联动幼儿"百草园"主题活动沙龙和研讨活动。在"稻米飘香"课程中,我们设计了家长志愿者评价单及家园互动单。以家园联动教研的形式开展幼儿"百草园""稻米飘香"的评价活动,评价"稻米飘香"主题活动的方案设计、实施方式和实施效果。活动中我们分别从教研组老师、课题组成员、家长代表三个不同层次的代表对于"百草园"课程设计、实施进行评价,检测"百草园"主题活动实施的情况。

（五）邀请现场指导:丰富幼儿"百草园"主题知识经验

幼儿园所处的地区有种植大棚蔬菜的经验,幼儿祖辈是种植经验丰富的行家里手。我们充分挖掘这一人力资源,邀请他们担任幼儿园小菜园的技术指导,进行菜园施肥,各类蔬菜的播种、浇灌、喷药、收割等工作。在这一过程中,幼儿参与了各类植物的观察、照料和收获,教师习得了来自家长的技术和经验,家长在指导中提升了成就感,形成了本园独具特色的小田园种植活动。幼儿是在家庭、社会、幼儿园的共同影响下成长和发展起来的。在重视开发园内资源的同时,家长的参与也成为课程实施和建构不可或缺的力量。

如我们部分幼儿的爷爷奶奶来自农村,对农作物种植与管理得心应手。

我们邀请他们作为志愿者，参与班级种植、植物管理活动的指导。在开展"稻米飘香"课程中，其间孩子们对稻米的育秧苗情有独钟。于是我们邀请一位小朋友的爷爷，他是新安村基地的一位农业技术人员，帮孩子们现场介绍如何育苗，并保留在自然角供孩子们观察记录，很好地丰富了孩子对稻谷的相关经验。并且来自于家长的讲解更受孩子的喜爱，因为孩子知道他们才是这方面的能手。

三、活动开展后呈现出的变化

幼儿"百草园"主题活动，其实这样一个多领域融合发现的课程，它很好地把我们现在学前教育提倡的课程发展的趋势整合和融合，充分体现了这一思想。我们看到它不再是单独的一个美术课，单独的一个科学活动，单独的语言活动。"稻米飘香"活动它不再是单独的一种学科性质，这样一个系列化的多领域融合的课堂课程的学习方式，给我们带来了如下变化。

第一是转变了孩子的学习方式。"稻米飘香"主题活动冲破了传统教材和教室的局限，向着多元化和多样性的方向努力，活动的内容是多元的，形式也是多元的。孩子们走进自然，走进田野，我们有亲子活动、小组探究活动、集体参观活动、幼儿个体探索活动。现在，幼儿们探索的天地扩大了，探索的内容丰富了，探索的方式也多种多样。通过电脑、手机网上信息查询、询问大人、书上寻找，在教室里、在田野里，借助农民伯伯的知识经验……给幼儿带来了除了课堂知识以外的更多的经验。

第二是改变了学习场域。我们让孩子走出了教室，走出幼儿园的范围，在家、在田野里、到自然里去学习。学习场域的变化推进了家庭教育、幼儿园教育共同支撑和促进孩子的发展。家长从多方面参与幼儿园的课程实施。比如第一站亲子参观水稻活动，家长们记录了孩子不同时期参观的照片。分组探究中每一组都有负责人在引导孩子探究，同时也一起完成了海报的设计和制作，展示了整体小组探究的收获。最后的亲子米粒贴画、稻草品的制作都有家长的一份巧思和指导在里面。

第三是促进学习型家庭的形成。对于"稻米飘香"主题活动的实施，真正需要全家总动员。从案例中家长的参与性看，学习型家庭在慢慢地形成。另外，家长跟孩子一起学习，给孩子做出示范，身教重于言教潜移默化地影响着孩子。

第四是转变教师的教育观念。教师教学开始转变观念,放弃主题学习就是"教师预设"建构的模式的禁锢,看到并认可儿童非同寻常的学习欲望。学习在教育经验逐步形成的过程中建构教育经验,而不仅在教育经验之前做各项忽视儿童需求的单向准备。教师观察、分析判断能力逐步提升。准确判断捕捉幼儿学习行为中重要的、有意义的事件,运用各种方式有效介入。教师在建构环境时逐步适应双重角色——既是幼儿共同学习的好伙伴,又是整个主题行进的促进者。活动来源于幼儿,活动的拓展尊重幼儿,活动的过程相信幼儿,活动的结果鼓励幼儿,在这样的教育环境中,教师重新认识儿童。

第二节 重视家长的认识,转变养育观念

我们必须要让家长清楚地认识到:教育不单单是老师的责任,家长同样应该承担职责,所以必须要让家长亲自参与了解情况。我们利用自然环境这一独特优势,围绕自然为主题开展各类亲子活动,一方面增强了活动的趣味性,让家长也有兴趣主动参与,另一方面也通过种植花木、喂养小动物等活动,运用有别于传统教授的方式教会孩子认识动、植物,进行思维锻炼,这种方式也得到了家长的欢迎和认可。

本节呈现了家长们在活动中的经验分享,可以看出他们逐步转变了原有的育儿观,育儿知识、应对策略也逐步丰富,家长在接纳新的教育理念上,心态更为开放和包容。

○ 家长的感悟一:

育儿育己,陪孩子一起成长

宣幼小四班　乐泽轩家长

我们都是自然的孩子,孩提时代在大自然中所受的滋养更是影响深远。而现今生活在钢筋混凝土中,身边充斥着电子产品的孩子们,几乎失去了与

大自然的亲密接触,我们通过书本没办法告诉他们,什么是大自然,什么是生命,什么是幸福。宣桥幼儿园"百草园"课程的诞生,为我们的孩子打开了一扇通向自然的大门,将"尚自然、乐成长"的课程理念,从小植根于每一位孩子的心中,谱写出了一曲带有醇厚乡土气息的自然教育新篇章。

得知宣幼的"百草园"特色课程,还是三年前在大宝刚入园时的第一次家长会上。园长老师的介绍,给我留下了深刻印象!也为孩子的自然教育缺失感到内疚!正巧,没过多久,大宝班级有"百草园"课程实践活动的开展,我就果断报名参与"玉米成长记"探究活动;在班主任谈老师和吴老师的组织下,历时三个月,从玉米苗移栽、生长过程定期观测、玉米棒采摘、玉米美食分享,完整参与其中,整个课程在老师和孩子的共同合作、兴趣盎然中润物细无声地开展。我的孩子不仅亲身体验了田间玉米生长的全过程,走进自然,体验劳动的快乐与收获的喜悦,而且增进了同伴与劳动者的友谊,更融洽了亲子关系。这是我们第一次全程参与宣幼家庭"百草园"活动,留下了美好的回忆。

第二次参与是2020年的第一学期,家庭"小阳台"种植探究活动。我和孩子一起选择种植洋葱。在老师的全程关注和指导下,孩子和我一起进行了各个环节的记录,从种植、照料、生长过程的观察记录,最后到餐桌,孩子持续体验了自主劳作的快乐,提升了实践能力,感受最深的是孩子从中体验到了自然界生命的神奇力量,现在还养成了收集种子的爱好……

第三次,我代表二宝宣幼小四班乐泽轩小朋友的家长说说我和孩子亲近自然、快乐实践"百草园"活动的故事。有了前两次老师"扶着走、牵手引"帮助指导,照理说我们这第三次亲子实践应该得心应手才是。然而,不夸张地说,整个过程有些手足无措。

一整个学期,我和宝宝一直忙碌于"我的'百草园'"探究。这次不单是一种植物的种植,我们先后种养西红柿、蘑菇、碗莲和蚕。孩子和我一开始满怀期待地种下西红柿种子,孩子天天观察,地里却一直没反应,一天天等待开始变得焦虑,继而有些失望失落。随着时间的流逝,只好着手准备换种其他的植物,在几个备选中,孩子选择了蘑菇,仍然从满怀期待,到后来逐渐不抱希望,但孩子依然没有放弃的想法,我感到很欣慰。

经历了前两次的考验,我和小宝决定选择生长过程能看得见的水培植物试试，经过筛选，出于好奇，我们决定养一盆碗莲，特意咨询客服说一周就能发芽。买回来，孩子很兴奋，我很忐忑，将信将疑，因为自己小时候曾听说过"莲子十年才能发芽"的说法，真的要十年岂不又要失败了？是否孩子会再次失望？但不管怎样，孩子那么迫不及待，各种经历对孩子来说都是可贵的！于是我和孩子一起立马将莲子泡入水里，所幸小莲子已经人工破口，一周后发芽如约而至，给了我和孩子期盼已久的惊喜！

后面孩子又主动提出养蚕，整个过程孩子都非常上心，他为了喂蚕，天天都主动去采桑叶，给桑叶保鲜；早上为了按时喂蚕宝宝也不赖床了；晚上出去玩会儿就急着赶回来；白天要上幼儿园，出门前叮嘱我什么时间要喂蚕……有爱又细心，真是一位有责任心的宝宝；最后孩子将小小幼蚕养至吐丝结茧，伴随着蚕宝宝生命的变化过程。

养蚕过程中，孩子和我心弦紧扣。有一只蚕颜色开始变黄，开始以为要吐丝，结果没有，继而以为是生病了，可把孩子担心坏了，猜测各种原因：是不是感冒了？是不是有新冠病毒了？是不是吃了有问题的桑叶？是不是没喝水？……天天都关注这只蚕的状态，一惊一乍的，一会儿大声喊："妈妈，这只蚕一动不动，是不是死了？""妈妈，快来看啊，它在动，还在动啊，它还活着！""妈妈，这只蚕颜色又变深了，它是不是已经死了？""妈妈，它都已经很长时间没吃桑叶了，会不会饿死啊？"……孩子太担心了，我也不知道是怎么回事，就上网查，才知道这也是蚕的一种自然状态——不吐丝结茧直接成蛹。这下孩子和我心里的石头都落下了。直到最后，所有蚕都吐丝结茧了，就这只蚕直接成了蛹，正好便于我们观察了。

一个晚上过去了，早上发现有个雪白的茧，才知道蚕要吐丝结茧了，所以不吃桑叶，要找地方安家啦。后面想着怎么样给它们创造条件，方便吐丝结茧，好在没来得及人为干预，蚕宝宝基本在一两天内就结好茧了。

养蚕，对于我和孩子都是第一次经历，遇到各种情况都不知道蚕是怎么了，该怎么帮助它们，干着急！后面才恍然大悟，哦，原来是这样啊！才知，纸上得来终觉浅，绝知此事要躬行啊！

5月中旬，幼儿园"家庭百草园展示秀"如期举行，"我的'百草园'"故事有了很好的成果：蚕都养活并吐丝结茧，碗莲也生机勃勃。经过漫长等待，三四月份没有反应的蘑菇袋里，有些出菌了；西红柿，也意外收获了三株，长势也很喜人！真是一波三折，好事多磨！所有付出、所有等待都是值得的！

参与宣幼家庭"百草园"各种活动，让我有机会随孩子一起，从细微的变化感知生命的变化，并为之感动。孩子提出的一个个追根溯源的问题，一次次刺激了我麻木的神经，看似司空见惯的现象，被孩子一问，蒙尘的本心似乎被唤醒。不禁感慨，本真的孩子是拥有"苹果为什么从树上向下落而不往上跑？"这样可以解开世界之秘钥的宝藏啊！

参与家庭"百草园"活动，让孩子在自然中实践学习，建立与自然的联结，懂得尊重生命，爱护生命，提升幸福感！这是孩子最原始的感动，也是孩子成长中最难得和宝贵的财富！

参与家庭"百草园"活动，让我和孩子体会到等待和坚持的意义，更让宝宝懂得了有付出才有收获的道理。

宣幼"百草园"特色课程活动，以项目化形式、层层递进巧妙设计，从中可见STEM课程理念的缩影和立足本园教育创新的大胆实践！科学问题本就源于自然，"百草园"课程让孩子各方面的素质都能得到更好的启发培养。

"知识的重要性远不及感受一半。如果信息是种子，日后可以成为知识与智慧，而感受就是沃土，种子必须在其中发芽生长。童年就是准备土壤的阶段。"感谢宣幼大家庭，感谢宣幼"百草园"，更感谢宣幼一群可爱的"百草园"园丁，因为有了你们的精心培育，"百草园"的幼苗正在不断茁壮成长！

○ 家长的感悟二：

麦芽糖的故事——和孩子一起走进"百草园"

宣幼小四班　任一鸣家长

提到麦芽糖，很多80后、90后的家长应该很熟悉，这是属于我们这一代人最甜蜜的童年回忆。我从小和外公外婆生活在农村，那时候零食很少，糖类是非常受欢迎的零食。

只要村口响起叮叮当当的敲糖声，村里的小孩子就开始不淡定了，火速翻遍家里角角落落，搜集旧书、塑料瓶和各种破铜烂铁，去找老爷爷换糖吃，或者用家里的小麦、玉米之类的粮食作物去换。

随着时代的变迁，如今真正的手工麦芽糖已经很难找到了，曾经那些走街串巷的匠人慢慢从我们身边消失。然而那份纯香甜味留在记忆里，黏在脑海里，抹也抹不去。

知道麦芽糖的人很多，但自己动手尝试去做的人估计很少，其实麦芽糖做法真的很简单。得知幼儿园有开展亲子体验活动，我们果断报名。在谈老师和周老师的精心策划组织下，作为家长，陪着孩子有幸亲身参与体验。听说要制作麦芽糖，小家伙歪着小小脑袋，问妈妈，麦芽糖是什么啊？

第一次了解宣桥幼儿园"百草园"的特色课程，是早在孩子入园的第一次家长会上，当时只是被"百草园"几个字吸引。

"百草园"我们都知道是鲁迅先生笔下童年生活的乐园，充满着大自然的神奇与乐趣。而这次的亲身体验，让我感受特别深刻，收获也很多。让孩子零距离体验爸爸妈妈儿时的乡土特色美食，感受传统文化的魅力。

下面跟我一起开启这次麦芽糖制作体验之旅，唤醒儿时美好记忆，感受"百草园"乐趣及课程设计的巧妙吧。

初冬的一个周末清晨，天气非常棒，暖暖的阳光洒满窗台，小家伙早早地被太阳公公唤醒，兴奋地挨着敲每个人的卧室门，一家人跟着起了个大早。外婆做了一顿丰盛的早餐，大家开开心心把早餐消灭得干干净净，浑身充满了能量，一天的旅程正式开始。

我对照着前一天晚上制作的攻略，首先为大家进行了分工。外婆负责采购制作所需的各种材料，我带着小家伙开启四处跑腿模式。正所谓万事开头难，没想到我们的小组刚成立10分钟就遇到了第一个难题，原来外婆在网上搜寻了一番售卖小麦的店铺，经过沟通了解，发现基本上快递都需要好几天才能到，这完全出乎意料。不过大家也只是感叹了一下，很快重新振作起来，一条路走不通，咱们就换一条！我们开始向住在附近的本地朋友发起求助，这次很快就传来了好消息，好几位朋友都回复消息，家里正好有小麦，非常乐于为我们提供帮助！最后我们选择了离家最近的一位朋友家，快速约定好碰头时间，一家人便穿戴整齐下楼出发。

虽然有明媚的阳光，还是时不时会刮起一阵风，带来一丝丝寒意，但是这似乎并不影响一家人的心情和行动。经过大约20分钟的车程，我和朋友成功碰面，看着我把种子从朋友手上接过来，小家伙一脸惊喜和兴奋！回程路上，

更是一路欢呼雀跃，在车里一颗一颗翻来覆去地数！到小区楼下，更是主动
承担把种子"扛"上楼的重任！经过一天的张罗，小麦粒、培养皿、喷壶、小被
子……终于把所有准备工作和材料准备妥当！

接下来，就轮到小家伙的表演时刻了！认认真真，小心翼翼地开始选种
子，最终挑选出优质的小麦麦粒，称出大概100克。然后放入漂亮的玻璃大碗
中浸泡一夜，到第二天早晨，就可以准备种植了。周日的早上，一家人再次起
了个大早，把泡好的种子滤水后，放入专用的培育盘。在培育盒上盖上薄纱
布，适量喷些水。每天早晚都要往小麦芽的纱布被子上喷1次水。冬天温度
太低，发芽慢，需要注意的是需要避光哦，如果没有避光，会消耗麦芽里的酶，
影响发酵。小伙子很大方地把自己心爱的小熊抱枕贡献了出来，给小麦粒盖
上了厚厚的小被子，这样既遮光又保暖。

虽然是冬天，暖暖的被窝诱惑十足！但自从有了小麦芽，小家伙再也不
赖床了。每天早上都准时起床，第一时间冲到阳台观察小麦芽生长情况，盼
望着快快长高，还会和一家人分享自己的观察收获。

"爸爸，我一定能照顾好小麦芽。""第3天，小麦芽终于露出了尖尖的小
脑袋。""小麦芽每天慢慢地苗壮成长着，今天它们又长高了一点点。""到了
第10天，小麦芽终于长到了4厘米左右，爸爸妈妈，我们可以采摘了。"小麦苗
大丰收啦，满满一大盆，感受到了第一波的丰收喜悦！

接下来就该开启第二轮的变身之旅了，首先需要把麦苗洗得干干净净，
再把洗干净的麦芽放进料理机里。"1，2，3，启动，搅碎搅碎。"我们一起把打
碎的麦芽和糯米饭混合均匀，然后放入电饭锅保温让它发酵6～8个小时。

小麦苗和米饭的发酵需要6～8个小时，等发酵完成的时候，已经是后半
夜，寒冷的冬夜想要离开被窝着实是一种煎熬！但既然答应了孩子，一定要
做好榜样，说到做到！大概到了半夜3点左右，糯米粒中的淀粉基本被水解
了，此时锅中的水已经有了甜味，带着麦芽的味道。起锅过滤，用纱布把水与
渣进行分离，要的是过滤液，此时渣中的糯米饭已经只剩下纤维成分了，可以
做有机肥料用。经过滤挤压过后的渣，我本想尝尝糯米是什么味道，抓了一
点来吃，哇，是糠的感觉，没忍住赶紧吐掉。用纱布过滤掉发酵后的水，外婆
不停提醒着一定要用力挤干一点，不要浪费，里面全是糖。

熬制也是一个漫长的过程，要用铲子一直不断搅拌，一是可以让水蒸气

快点蒸发，二是防止粘锅。开始可以大火进行蒸发，到后期的时候要小火熬制，锅里在"咕嘟咕嘟"的甜美哼唱中翻起漂亮的糖花，这个时候得立马改成小火。因为前一天晚上过滤熬了夜，今天大家精神状态不是太好，只好我和外婆轮番上阵，从上午10点熬到了下午1点，差不多共熬了3个小时，肩膀都酸了。新出锅的糖呈琥珀色，晶莹剔透，香气扑鼻，让人垂涎欲滴。

在我们轮流熬麦芽糖的同时，孩子也没闲着，自己主动报名要帮忙准备模具。因为冬天容易咳嗽，我们还特意在麦芽糖里放入了梨汁一起熬，这样既好吃又能润肺止咳。糖浆熬好后，倒入模具，放入冰箱冷藏，现在就等待着小麦芽变身啦。

这次家庭"百草园"展示秀，历经半个月，三个人的齐心协力，从一颗颗小麦粒——小麦芽——茂盛的麦苗——糖水——棒棒糖，小麦粒终于变身成功。再次尝到久违的味道，自己亲手做的实在太美味了。儿时的麦芽糖，那种刻骨铭心的味道，又回来了。

虽然这是一次活动，但是在整个过程中我们获得了许多。

首先是孩子的成长。"百草园"提供给了孩子走近自然、亲近自然的机会。我们知道"温室里的花朵终归没有长久而健康的生命力"。然而每一个幼儿都是"自然之子"，在真实的自然环境中，幼儿会自发地探究自然，运用多种感官与自然进行对话与联结。整个小麦粒变身记的故事给我们提供参与的机会和环境，让我们在做事中进行学习，获取经验和知识。了解了麦芽糖制作的粗浅知识，懂得了坚持会有成果，学会了关爱之心，及参与制作的乐趣。这样的"百草园"课程从幼儿园延伸到了家庭，让幼儿接触自然，在认识生命中感知、体验、认识世界，促进了幼儿审美能力，探究能力，合作能力，动手能力发展。

其次，树立了家庭良好的氛围。在这个过程中感受了亲子间浓浓的情感氛围。一个家庭为了一件事、一个目标，一起进行自然体验实践、一起动手、一起经历酸甜苦辣！为孩子的健康成长营造了温馨美好的环境。

最后是"百草园"活动后育儿的思考。第一是我们在教育孩子的过程中不要去限制孩子的思维，不要用我们自己的经验去给孩子下判断，可以去引导，让孩子一步一步走向成功，看到属于他自己的成果，这样才能给孩子更多的鼓励。即使在孩子错误的情况下，不是盲目地去批判，而是要告诉他为什么错误，并且去引导他怎么去完成，让孩子彻底参与进来。第二，就是在与孩子的互动中，家长的行为对孩子的影响也是非常大的，所以榜样的作用就很重要了。身体力行地去做，让孩子看到，他也会这样去完成，身教胜于言教。第三，就是在这样的活动中也让我发现孩子更多的优点，遇到困难不退缩，还会鼓励我们不放弃；认真做事的品质，挑选麦苗的专注；暖暖爱心，为小麦苗盖棉被。全过程的参与，坚持到成功的那一刻！

后　记

　　基于自然主义教育理念建构课程，其目的是保持幼儿教育的本真和捍卫幼儿生命的自由，在尊重幼儿本性和发展规律的基础上为幼儿创造一个自然、自主的成长环境。

　　自然教育视角也是一种幼儿视角，它在幼儿园课程的实践中不单强调对自然资源的开发和利用，还在课程目标、内容、实施、评价等环节更加强调要遵循幼儿的身心发展规律和关注幼儿的学习兴趣与学习需要。一般来说，幼儿园实施的主题活动往往是有主题在先，通过对主题的探究来让幼儿获得新的经验。自然教育视角下的幼儿园课程实践则不是让幼儿的经验去适应或匹配活动主题所涵盖的知识，而是强调主题知识应该适应幼儿的经验。[1]

　　"只要有行动、就会有收获。"以社区自然资源为依托的幼儿"百草园"课程建构是一个新老故事不断交替、更新和丰富的过程。课题开展以来，我们全体教师在相互协调、合作与认同中不断地建构着一个个精彩的故事。

　　在"百草园"课程的实践过程中，我们取得了很多收获。

　　一方面是角色身份的改变。一是从"孩子追赶课程"变为"课程追随孩子"。课程实施中，幼儿能与自然进行零距离接触，在探索与发现、体验与表达的架构下进行学习，不仅观察、语言、社会交往等能力得到了发展，而且获得了良好的情感体验。这种富有弹性、充满生成活力的课程让每一位孩子获得最大限度的成功感和自主学习的快乐。二是教师从"课程实施者"变为"课程设计者"。社区自然资源的开发与运用，帮助教师树立了新的课程观，使教师对课程实施有了重新定位和认识。从中，教师不仅学会了选择，学会

1　罗晓红，肖意凡.课程领导：自然教育园本课程建构与实施的关键[J].学前教育研究，2020(11)：81-84.

了应用，还学会了创新和实践，从原来的被动逐步转化为有的放矢。三是家长从"课程旁观者"变为"课程参与者"。幼儿"百草园"课程的实施，孩子是活动的主人、教师是支持主体，家长是不可或缺的重要成员。带着孩子去探索和发现，家长切切实实做了一回孩子的引路人。四是幼儿园从"课程分配者"变为"课程共议者"。传统的课程建构与实施，幼儿园有很大的权威。实施什么课程，怎么实施，孩子们接受的是大家以为需要的东西。而如今，幼儿园是课程实施的服务主体、协调纽带和参与课程管理的一分子。

另一方面是育人价值的改变。一是转变育儿观念，让尊重孩子成为习惯。利用社区自然资源，构建幼儿"百草园"课程的实践研究，教师们依托幼儿"百草园"课程的实施逐渐改变了自己的教育理念，更新了育人方式。尊重孩子的好奇心和需要，平等地和孩子对话。二是打破时空局限，让深度探究真实发生。在过去，活动多为传统的教育方式，以教材知识点为主，虽然能创设一定的情境，但是真实的体验不够。如今"教"与"学"的方式从课堂延伸到园外，延展到了自然环境中，师生的收获体验丰富且灵动。三是改变评价方式，顺应孩子个性发展。实践让教师对孩子的评价方式从单一发展为多元，教师自评、孩子状态、家长评语等，都从尊重孩子个性发展角度出发，让每一个孩子闪现童真的光彩。

自然教育不仅是指要在教育价值取向、教育内容和教育方式上尊重幼儿的自然属性和充分利用自然资源，更是指要在幼儿发展的最终旨归上凸显人与自然、社会、文化的有机融合。在不断思考的过程中，我们也发现了一些问题，并基于这些问题相应做出了我们的展望。

首先是教师素养与课程实施的质量问题。课程建构有赖于教师专业水平和实践能力，而我园年轻教师居多，不管是对园本课程的解读，还是课程实施能力、经验有限，对幼儿"百草园"课程价值的认识也不尽相同，导致课程推广质量参差不齐。今后如何优化教师专业，深度理解幼儿"百草园"课程在幼儿教育中的重要作用，以适宜的方式与孩子进行有质量的互动，做好幼儿"百草园"课程实施师资培训和个性化指导需要我们思考。

其次是在关注儿童兴趣和发展需要的基础上，创设"有准备的环境"。通过材料、场景的影响，与同伴、教师及家长间的互动，不断获得新的经验，并与原有经验产生衔接，以达到经验的重组和有效建构。同时，在捕捉幼儿兴趣点和发展目标、能力上达成统一，这关乎今后深入解读与研究孩子发展方向。

最后是家园共育和指导家长的关系问题。幼儿园、家庭、社会是幼儿成长的空间，家长是开展幼儿"百草园"课程不可缺少的教育资源。如何更好地进行家园共育促进幼儿的发展，特别是如何指导家长开展这一课程的实施，还需要我们做进一步的研究。

"一枝一叶总关情"，我们清晰地认识到幼儿园特色课程是一个不断继承创新、发展完善的过程，是一个需要执着坚守、一以贯之的过程，需要有广阔和深远的文化视野来审视，深入领会其所特有的内涵，并坚持不懈地深入钻研。

编者

2022 年 9 月

图书在版编目（CIP）数据

田间撒欢的孩童／张萍主编.—上海：文汇出版
社，2022.11
ISBN 978－7－5496－3913－7

Ⅰ.①田… Ⅱ.①张… Ⅲ.①学前教育－教学参考资
料 Ⅳ.①G613

中国版本图书馆CIP数据核字（2022）第203664号

田间撒欢的孩童

——新农村建设背景下幼儿"百草园"课程的建构与实施

主　　编／张　萍

责任编辑／熊　勇
封面装帧／冯　怡

出版发行／文匯出版社
　　　　　上海市威海路755号
　　　　　（邮政编码200041）
经　　销／全国新华书店
排　　版／南京展望文化发展有限公司
印刷装订／上海新文印刷厂有限公司
版　　次／2022年11月第1版
印　　次／2022年11月第1次印刷
开　　本／720×1000　1/16
字　　数／220千字
印　　张／14.5

ISBN 978－7－5496－3913－7
定　　价／48.00元